製造業DX

EU/ドイツに学ぶ最新デジタル戦略

著者：福本 勲

KDD
近代科学社Digital

はじめに

　日本を代表する産業である製造業。その製造業にもいま、カーボンニュートラルやサーキュラーエコノミーといったサステナブルな取組みや、新型コロナウイルスの蔓延、米中の分断やロシアのウクライナ侵略といった地政学リスクに対応するためのレジリエンスなサプライチェーンの実現、世界的な潮流となってきているESGへの対応などが求められている。日本国内の市場が縮小していく中で、企業には、グローバルで競争優位性を高めていくことがますます求められ、DX(デジタルトランスフォーメーション)を推進し、業務そのものや組織、プロセス、企業文化・風土を変革することが、避けられない重要課題となってきている。

　DXとは、「ITの浸透が、人々の生活をあらゆる面でより良い方向に変化させる」という概念であり、2004年にスウェーデンのウメオ大学のエリック・ストルターマン教授が提唱したとされる。ビジネス用語としては「企業がデジタル技術を活用して事業の業績や対象範囲を根底から変化させる」という意味合いで用いられ、既存の価値観や枠組みを根底から覆すような革新的なイノベーションをもたらすものと考えられている。つまり、DXの本質は、自社の立ち位置と提供価値そのものを進化・変化させることにある。一方、日本の企業にはDXがもたらす効果は既存の業務プロセスの効率化だと考えている人が多い。しかし、従来の業務の効率化というアプローチだけでは、既存の産業をデジタル技術を駆使して新たなビジネスで代替するデジタル・ディスラプターには勝つことはできない。顧客接点や商品・サービスの提供形態の変化を伴うビジネスモデルの刷新、すなわちモノづくりからコトづくりへの変革や、新たなステークホルダーとの関係性を含めたエコシステムの構築こそが、DXの狙いである。DXは、既存の業務プロセスの改善の延長線上にはない不連続で不確実性を伴うものであるため、デジタル技術が既存のどの分野でどのように利用できるものなのかという視点で臨んでも、DXを実現することは困難である。また、DXを推進するためには、経営層、IT部門、DX部門、事業部門などが連携し、企業全体で取組むことが不可欠である。そのためには、企業全体で危機意識や取組み指針に対する共通認識を持ち、経営戦略だけでなくIT戦略や事業

戦略とも整合したDX戦略を策定し、経営者のコミットメントのもと変革を推進していくことが重要となる。感度や危機感を高め、不連続で不確実な環境変化にスピーディに対応できる経営・事業マネジメントが、DXの推進には求められているのである。

　第4次産業革命と呼ばれる時代を迎え、ドイツではインダストリー4.0が2011年に世界最大規模の産業見本市である「ハノーバーメッセ」で発表された。そしてそれ以降ハノーバーメッセはインダストリー4.0の進捗確認の場として注目を集めている。インダストリー4.0に関する展示は、発表当時はコンセプトを伝えるためのものが中心であったが、その後、具体的な実現手段を中心としたものに移行し、2010年代中盤にはGEデジタルのPredixやシーメンスのMindSphereのような産業用のオペレーティングシステムとしてのプラットフォーム上で、IoT情報を産業機器や社会インフラなどから収集し、利活用するようなデモ展示が増加した。2022年はこういった各社が個々に提供するIoTプラットフォームの展示は減り、カーボンニュートラルやサーキュラーエコノミーといったより大きな社会課題を解決するための「業界」を跨いだエコシステムの実現に向けた動きが目立つようになったが、その内容は、サステナブルな取組みを支えるための業界を跨いだプラットフォーム・エコシステムの必要性の訴求(製品カーボンフットプリントデータ交換などの必要性の訴求)に留まっていた。2023年は、ハードウェア・ソフトウェアで構成されたポートフォリオ、およびパートナーとマーケットプレイスをつなぐ強力なエコシステムを備えたオープンデジタルビジネスプラットフォーム(エコシステム)の具現化が進んでいることや、新技術の積極的評価・採用の取組みが進んでいることが確認できた。そして、こういった取組みは今後、さらに加速していくだろう。

　本書では、製造業における日本のDXの現状を踏まえ、欧州連合(EU)/ドイツを中心とした世界の最新事例を紹介する。本書を読んでいただいた、日本の製造業に携わる皆さんの視野が広がり、日本の製造業のDXの取組みが進んでいくことを望んでいる。

2023年初冬

福本 勲

目次

第1章　デジタル技術の発展と第4次産業革命

第2章　日本の製造業に求められるDXの取組みと実現のポイント

第3章　EU/ドイツに学ぶ最新デジタル戦略

第4章　日本企業はいかに取組むべきか

第1章

デジタル技術の発展と第4次産業革命

本章ではIoT、AIなどのデジタル技術の発展と背景、それらがもたらす新たな産業革命である第4次産業革命、ドイツにおける第4次産業革命の国家プロジェクトであるインダストリー4.0などについて解説する。また、ディープラーニングや生成AI(ジェネレーティブAI)などの新たな技術の産業領域における活用の可能性や活用事例などを紹介する。

1.1　IoTとMtoM

　第4次産業革命と呼ばれる時代を迎え、IoT、AIなどの新しい技術の登場によって、産業構造は大きく変わりつつある。この主役となるデジタル技術のひとつが、IoT(Internet of Things：モノのインターネット)である。

　IoTは情報通信の概念を表す言葉であり、さまざまな「モノ」がインターネットまたはインターネットに類する形態で接続され、相互の情報伝達を可能とすることを意味している。IoTは大量のデジタルデータ(ビッグデータ)を共有・分析し、サービスへの付加価値を見つけるためのさまざまな技術で構成される。

　一方、エレベーター、エスカレーター、道路・交通システムといった社会インフラ領域における遠隔監視・制御などにおいては、従来、MtoM(Machine to Machine)という用語が使われてきた。このMtoMはハードウェアを直接接続して相互に情報のやり取りを行い、お互いを制御するような仕組みを指す。昨今、MtoMはIoTの一部概念であるとも言われているが、MtoMは機械などのハードウェア同士を接続するものであったのに対し、IoTは機器などの各ハードウェアや人、システムなどの情報をインターネットやクラウド、サーバに集め、ビッグデータにし、活用するところに特徴があると言える。

　インターネットに接続されるモノは、すでに我々の身近に数多く存在している。インターネット上の動画コンテンツを視聴できるテレビや、インターネット経由で配信される音楽配信サービスを利用できるスマートスピーカー、インターネット経由で映像を確認できる監視カメラなどはその代表例である。また、製造現場で使われる各種機器や、そこに取付けられたセンサーをネットワーク(インターネット)に接続し、取得したデータを分析することにより、製造状況を把握したり機器の故障予知につなげるといった用途も、IoTの代表的なユースケースと言える。

1.2　デジタル技術がもたらす社会変革

　IoT、AIなどのデジタル技術がもたらす社会変革が、第4次産業革命である。

　第1次産業革命は、18世紀の後半から19世紀にかけて英国を中心に起こり、蒸気機関などの新技術の発明により生産性の劇的な向上をもたらした。その影響は欧州を通じて19世紀後半には米国に伝わり、製造部品の規格化・標準化、製造設備の専用化などによって大量生産を可能とする第2次産業革命へとつながった。

　米国における第2次産業革命では電力が発明され、化学、自動車、石油、鉄鋼などの分野で技術革新が進んだ。大量生産という仕組み面の発展もあり、食料や飲料、衣類などの製造の機械化、輸送手段の革新、映画・ラジオ・蓄音機などの開発による娯楽面の発展も進んだ。これらの変革は、雇用の面においても大きな貢献をもたらした。

　20世紀中盤から後半にはコンピュータとそれを動作させるためのソフトウェアが登場し、コンピュータ技術を活用し、予め人が考えた指示をコンピュータにプログラミングし、その指示通りに機械が動くようになる「自動化(オートマティック)」が実現された。これが第3次産業革命である。

　第4次産業革命の中心であるデジタル化のきっかけをつくったのはコンピュータの登場がもたらした第3次産業革命である。一方、第4次産業革命と第3次産業革命を分ける大きな技術的ポイントは「自律化(オートノマス)」である。

　第4次産業革命ではコンピュータの指示した手順通りにプロセスが実行される自動化だけではなく、AIなどを活用した意思決定によりコンピュータが自らが実行判断を行う自律化の実現が目指されている。そのためにデータが分析・活用され、予知・予兆や自動化、自律化、遠隔処理などに用いられる。

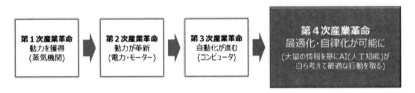

図1.1　第4次産業革命

　第4次産業革命の進展は、生産性の向上や、新しい産業の創出、労働力の変化、データの流れの変容(データの生成、収集、利活用などのプロセスの変化)などをもたらすと考えられる。また、新たな仕組みや社会基盤の登場も予想される。特に、データをどううまく活用するかが、第4次産業革命の時代において、企業や個人の価値を高める要素になる。

1.3　第4次産業革命の象徴事例

　第4次産業革命の自律化の例としては2016年に、ディープマインド(DeepMind)社の「アルファ碁(AlphaGo)」がイ・セドルという当時、世界最強と言われた囲碁棋士を破ったことがある。

　これは、AIが単純に既存の囲碁の打ち手を学習しただけではなく、新たな囲碁の打ち手をAIが自ら考え出した結果とも捉えることができる。この学習プロセスにおいてAIは、シミュレーターを使ってシミュレーターとの対戦をコンピュータ内でし続ける。コンピュータは疲れることもないし、睡眠すら必要ない。それによってどのような戦略を取れば良いのかをAIが自ら学習する。それと過去の対戦の情報などを組合せ、人以上に先読みをしながら勝てる手が打てるようになる。

　囲碁は非常に打ち手の組合せが多いので、コンピュータではなかなか人に勝てないのではないかと言われていたが、そういった予想を裏切る形で、2016年に世界最強の囲碁棋士を破ったことは、大きなインパクトをもたらした。

1.4　生成AI(ジェネレーティブAI)

　最近話題のデータから新しいコンテンツやソリューションを生成する生成AI(ジェネレーティブAI：Generative AI) も、第4次産業革命における特徴的な事例である。

　2022年11月末にOpenAI社が送り出した対話型AIである「ChatGPT」は、あたかも人が生成したかのような的確な応答が話題となり、生成AIの可能性を世に知らしめることになった。ChatGPTの利用者は2カ月で1億人を突破するなど、世界中に衝撃が広がった。

　読者の皆さんの中にも、一度はChatGPTを試したことがある、あるいは日常的に使っているという人も多いのではないだろうか。ChatGPTのような対話型AIの登場により、検索エンジンが代替される可能性があるとも言われており、今後、熾烈な開発競争が繰り広げられるようになるだろう。

　ChatGPTのようなLLM(大規模言語モデル：Large Language Model)を用いたAIは、画像系のAIに比べて用途が広範囲に渡るので、これまでのAIに比べて段違いのインパクトをもたらすと考えられる。多くの業界、業務で活用できるようになれば、社会を大きく変えるだろう。顧客のニーズに応じた最適な商品やサービスを提案したり、市場の動向を予測したり、リスク管理やコンプライアンスを強化したりといった用途活用も見込まれている。

　ChatGPTは、一問一答のやり取りだけでなく、会話のコンテキストを引き継ぎ、求める答えまで絞り込んでいくインタラクティブなコミュニケーションも得意としている。会話の間に、ユーザーは「表で比較して見せてほしい」とか「それに対してはどのようなリスクが考えられるのか教えてほしい」といった問いかけを行うことで、従来であれば会話から離れて自分で作業しなければならなかったタスクをそのままChatGPTに任せることができるようになる。

　ChatGPTには、まだまだ間違いを答えたり嘘を回答したりといった課題もあるが、これは学習データの問題だと考えられるので、改善されていくであろうし、1億人以上の人がChatGPTを使っているというのは驚く

べきことで、だからこそお金も人も動くし、今後、新しいサービスも、次々
出てくるだろう。

　一方、生成AIで自動生成されるコンテンツには、潜在的に大きな課題
があると言われている。たとえば、アルゴリズムによる人種などの差別と
いった偏り、あるいは意図しない情報の外部流出、フェイクニュースを含
む情報生成などが起きる可能性がある他、生成手段や生成物の知財権も課
題と考えられる。

　既存の資料をまとめるだけの仕事などにはおよそ人が必要なくなるかも
しれないくらいのインパクトはありそうだが、OpenAI社のサム・アルト
マンCEOは生成AIの登場によって失われる仕事がある一方、新たな仕事
が生み出される可能性があることについても言及している。人にしかでき
ない仕事の内容が生成AIによって押し上げられると、捉えるべきではない
だろうか。

1.5　生成AIの事例

1.5.1　Microsoft

　Microsoftはすでに自社のプロダクトの多くに生成AIを搭載している。
そのひとつが、オフィスツールとして広く使われている「Word」や「Excel」、
「PowerPoint」といったツールを含むアプリケーション群「Microsoft 365」
に生成AIを載せた「Microsoft 365 Copilot」である。

　また、Microsoftは「Copilot」を検索エンジンの「Bing」やWebブラ
ウザーの「Edge」などにも搭載しており、「Windows11」にも標準搭載
を始めている。これにより、Windows-PCで生成AIを横断的に利用でき
るようにしている。このCopilotは、ファイル形式などが異なるさまざま
なデータをマッシュアップし、活用するシーンには相当役立つと考えられ
る。また、生成AIを活用したMicrosoft Azure OpenAI Serviceは生成
AIに、Microsoftのユーザーのデータを追加学習させることが可能である
としている。

　Microsoftは、2023年にドイツのハノーバーで開催された世界最大規模の産業見本市「ハノーバーメッセ2023」において設備保全に生成AIを活用したデモ事例を展示した。「Microsoft Dynamics 365 Field Service」ソリューション内に蓄積されたメンテナンス記録データや報告書データを生成AIが学習し、新たなトラブル発生時に過去の類似事例をレコメンドし、保全担当者をサポートするというものである。

　設備保全のような属人化されたプロセスでは、人が文書で書いたメンテナンス記録や添付された報告書データ、写真などが多く存在し、従来のテキスト検索機能で過去の類似事例を探すのは困難であったが、これらを生成AIに学習させることで、きちんとしたフォーマットにまとまっていないと活用が難しかったさまざまなファイル形式やコンテキストが混在するデータを活用することも可能になるのではないだろうか。

　このように、生成AI活用によって企業の属人化したプロセスで、情報が分散している状態をうまくまとめられると考えれば、有効な使い道が出てくると考えられる。日本の場合、現場は特に属人的できちんとデータが整理されていないので、こういう技術を使いながら何かしらの対応ができるということはひとつの可能性になるのではないだろうか。

　また、Microsoftは、ある地域で気象災害が発生した場合を想定したデモ展示も行っている。気象災害が発生すると製造業においてはサプライヤーからの部品供給が滞るようなケースも考えられる。このデモは気象災害発生時に、生成AIがサプライヤーの被害状況をインターネットを通じて調べ上げ、直接的な被害情報がなくても、過去の同様の事象から材料供給に影響をおよぼしそうなサプライヤーを洗い出して報告してくれるというものである。

　さらに生成AIは、サプライヤーに実際に被害が出ていないか、伺いを立てるためのメール文書も作成してくれる。ユーザーは、最後にAIが作成したメール文書をチェックして送信するだけで良い。材料や部品のサプライヤーに対する調査や確認を一つひとつ行う必要もなければ、面倒な定型メールを作成する必要もない。つまり、こういった作業は人がやらなくて良くなるとも言えるのではないだろうか。

1.5.2　Sight Machine

　製造業に特化した分析プラットフォームを提供するSight Machine は、Sight Machine Manufacturing Data PlatformとMicrosoft Azure OpenAI Serviceを統合した「Factory Copilot」の提供を開始している。

　これにより製造業の問題解決、分析、レポートなどを容易にし、IoTデータを見える化して人が判断するという取組みから、サイバー空間上で人とシステムがやり取りする取組みに進化させることを目指している。

　製造現場の情報利用に生成AIを活用したFactory Copilotでは、データの習熟度に依存することなく、製造関係者に直感的な「専門家に尋ねる」体験を提供している。

図1.2　Sight Machine：Factory Copilot①
(出典　Sight Machineホームページ)

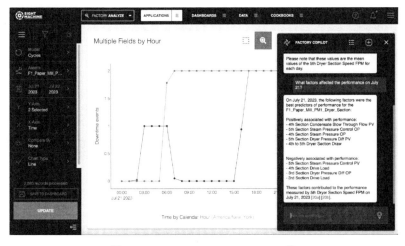

図1.3　Sight Machine：Factory Copilot②
(**出典**　Sight Machine ホームページ)

図1.4　Sight Machine：Factory Copilot③
(**出典**　Sight Machine ホームページ)

　製造に関連するデータと情報をリアルタイムで自動的に要約し(毎日の会議のためなどに利用)、コンテキスト化されたデータに基づいて機械、ライン、プラントなどのパフォーマンスに関するレポートを電子メール、チャー

ト、その他のコンテンツ形式などで生成(任意の言語)し、問題の迅速な診断のための根本原因分析をドリルダウン調査を通じて提供し、ユーザーをガイドする他、KPIレポート、パフォーマンス比較、トレンドと相関分析などの情報を提供することで、計画外のダウンタイム、低稼動の機械、品質問題の原因などを特定、継続的な製造プロセスの改善を可能にしている。

1.5.3　Beckhoff Automation

　ドイツのヴェストファーレン、フェアルに本社を置くPC制御に特化した制御機器メーカー、Beckhoff AutomationはPLC(Programmable Logic Controller：機器や設備などの制御に使われる制御装置(コントローラ))内で多く採用されているプログラム言語であるラダー言語のプログラミングを生成AIで行う取組みを進めている。

　従来、こういった領域のプログラム開発をユーザーサイドで行うのはハードルが高かったが、これがユーザーサイドで実行可能になるとその自由度は大きく高まると考えられる。

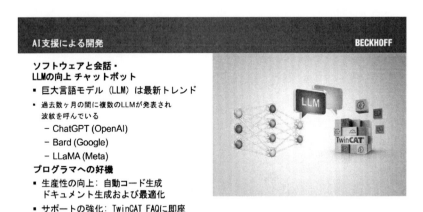

図1.5　Beckhoff Automation：生成AIによるPLCソフトのプログラミング①
(提供　ベッコフオートメーション株式会社)

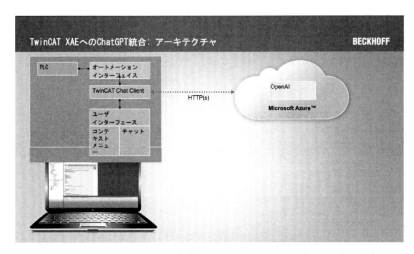

図1.6　Beckhoff Automation：生成AIによるPLCソフトのプログラミング②
(提供　ベッコフオートメーション株式会社)

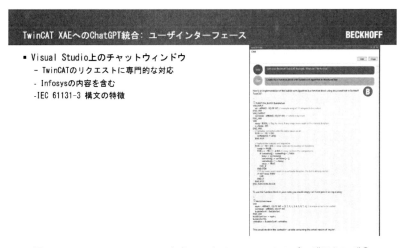

図1.7　Beckhoff Automation：生成AIによるPLCソフトのプログラミング③
(提供　ベッコフオートメーション株式会社)

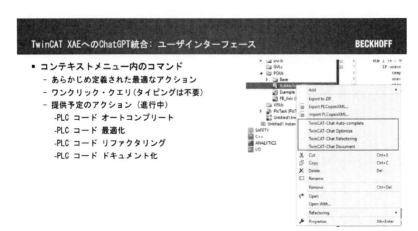

図1.8　Beckhoff Automation：生成AIによるPLCソフトのプログラミング④
(提供　ベッコフオートメーション株式会社)

1.5.4　シーメンス

　ドイツの世界的コングロマリットメーカーであるシーメンスは、さまざまなソフトウェアやハードウェアのポートフォリオによる新たなオープンデジタルビジネスプラットフォーム構想であるXceleratorを発表しているが、その取組みの一貫としてシーメンスのPLM(Product Lifecycle Management：プロダクトライフサイクルマネジメント)ソフトウェアであるTeamcenterとMicrosoftのTeams、Azure OpenAI Serviceの言語モデル、その他のAzure AI機能の統合を推進している。

　PLCのコード生成の加速でも協力していくとしており、生成AIやその他のAzure AI Serviceをシーメンスのインダストリーオートメーション製品に取入れていくとともに、AIを活用した製品不具合の発見と防止にも取組んでいくとしている。

1.6 デジタル技術普及の背景と現状

1.6.1 デバイス・データ・分析の技術進化

近年、IoT、AIといったデジタル技術が普及してきた背景にはデバイス・データ・分析、3つの要素それぞれの技術進化が影響している。

デバイスの面では、1990年代にPCの普及が進み、それに伴いデータ活用サイクルを回す動きが一般化し、さまざまなセンサーでのデータ収集も活発となった。2000年代に入ると、iPhoneのようなスマートデバイスによるモバイル環境が整い、2010年以降はさまざまなウェアラブルデバイスが登場してきている。今後、IoTシステムの普及に伴い、データを生成するデバイスも膨大な数になることが予想されている。

データの面では、少量のデータを大型汎用機でバッチ処理していた時代が終わり、サーバの性能向上などを背景として大量に収集した文字、画像などさまざまな種類のビッグデータをリアルタイムに処理できるようになってきた。

分析の面では、人がExcelなどのツールを活用して分析していた時代を経て、コンピュータ自身が学習し、潜在的な傾向などを自動分析することが可能となってきた。

これにはAIの発達も関連している。1950年代後半〜1960年代に訪れた第1次AIブームは、当時のコンピュータ処理能力の脆弱性から一旦低迷した。

1980年代には第2次AIブームが訪れ、専門家の知識をコンピュータに取込み、推論を行うことで、コンピュータが専門家のように振舞うエキスパートシステムに注目が集まった。しかし、エキスパートシステムでは、すべての事例に正確に対応することが困難であることなどが露呈し、AIへの期待は再度低下し、冬の時代を迎えることとなった。

近年は、ビッグデータを用いることでAI自身が知識を獲得する機械学習(マシンラーニング)が実用化され、さらに知識を定義する要素をAIが自ら習得する深層学習(ディープラーニング)が登場し、これらがきっかけとなって第3次AIブームと呼ばれる時代が到来している。

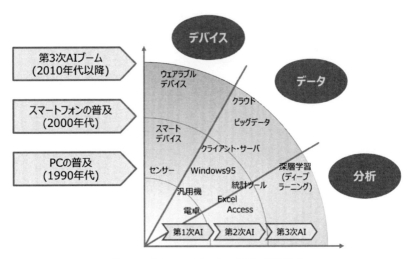

図1.9　デバイス・データ・分析の技術進化

1.6.2　AIの発展と規制の動き

　AIの利用は画像や文字の認識など、元々人が行っていたことを代替することから始まった。ところが、2010年前後にディープラーニングが注目されるようになってから、非連続な進化が起きた。従来の第1次AIブーム、第2次AIブームとは異なり、いまはビッグバンのような形で爆発的に広がり続けている。

　一方、AI活用による負の側面も出ている。人の代替から人が思い付かなかったインサイトが可能になってきたが、社会問題も引き起こしており、それを受けて、欧州連合(EU)を中心にAIを規制する動きも出てきている。

　EUでは2023年6月に、生成AIを含む包括的なAIの規制案である「AI規制法(AI Act)」が欧州議会の本会議において賛成多数で採択された。EUのAI規制法はAI普及の経緯を踏まえ、EU加盟国全体に適用されるAI開発・使用に関する統一ルールである。AIの利益やリスクを管理し、AIが「人が豊かで幸福な生活を実現するためのツール」になるようにしていくことがその目的であるとされている。

　EUは約2年前にも規制案を発表していたが、2023年6月に発表された

AI規制法には生成AIの急激な普及を受け、生成AIに関する考え方や要求事項が追加で盛り込まれている。具体的には、生成AIベンダーに対し、生成AIの学習に使用されたデータの開示を義務付けることなどが追加されている。この目的は、生成AIの透明性を担保することにあると思われる。AI規制法では、規制対象として個人情報保護だけでなく産業分野でのリスク回避についても取上げている他、AIがその特性別にカテゴライズされ、リスクレベルに応じた規制が織込まれている。EU市場に関係する日本企業をはじめ、EU域外企業が提供するAIも規制の対象となり、違反時には全世界売上ベースでの制裁金が課されることになる。このため、産業界では負担増への警戒が広がっている。

　AI規制法は施行までにまだ時間を要すると思われるが、AIの利用には今後、さまざまな規制がかかることになるのではないだろうか。EUは、その価値観に反するような許容できないAIの使用や、耐え難いリスクを禁じるとしており、ベンダーなどの間では少し規制が厳しすぎるのではないかという意見も出ている。

　EUのAI規制法においては従来のEU規制と同様、EU基本条約に沿うことが求められている。EU域内における人権や自由の確保が最優先であり、技術はヒューマンセントリックであるべきという考え方がその根幹に存在する。人の自律性・自由は守られるべきであり、そのためにAIが倫理的に適用されることに対するセーフガードが必要であるという考えがAI規制法の基本原則である。

　この基本原則を実現するため、「すべてのAIシステムに適用される一般原則(General principles applicable to all AI systems)」には以下が記されている。ここには2019年に「信頼できるAIのための倫理ガイドライン(Ethics guidelines for trustworthy AI)」として素案が公開されていたものから、「アカウンタビリティ(Accountability)」を除く6項目が採用されたものと思われる。

①人の関与と監視(Human Agency and Oversight)
②技術的な堅牢性と安全性(Technical Robustness and Safety)
③プライバシーとデータガバナンス(Privacy and Data Governance)

④透明性 (Transparency)
⑤多様性・非差別・公平性 (Diversity, Non-Discrimination and Fairness)
⑥環境および社会的幸福 (Social and Environmental Well-Being)

　この原則の達成には、AI開発者・利用者、製品の提供者・展開者のAIリ
テラシーが不可欠であることが記されている。
　さらに、リスク度合いによりAIを以下の4つのカテゴリに分類し、その
分類に応じて禁止事項、要求事項や義務を定めている。また、リスクの高
いAIの使用には事前審査を求めるとしている。

①許容できないリスク (Unacceptable Risk)
　人の生命や基本的人権に対し、直接的に脅威をおよぼすと考えられ、EU
の価値観に反するため、活用が禁止されるAIシステム。
　具体例として、政府が個人のスコアリングにAIを用いることなどが挙げ
られており、個人の権利・自由が侵害される恐れがあり、AIの適用を禁止
するとしている。

②ハイリスク (High Risk)
　人の健康や安全、基本的人権、社会的・経済的利益に影響をおよぼす可
能性があるAIシステム。
　具体例として、交通機関や電気・ガス・水道などの供給といった重要イ
ンフラ、教育現場での試験評価、ロボット支援による手術、採用での履歴
書管理、融資などに絡む信用調査、移民・難民申請などに係る書類の管理
などにAIを用いることが挙げられており、対象範囲が広い。

③限定リスク (Limited Risk)
　深刻なリスクはおよぼさないが、透明性に関する特定の要件を満たす必
要のあるAIシステム。
　具体例として、AI技術を用いた「Chatbot」のような自動応答システム
などが挙げられており、人ではなくAIが対応していることを明らかにする
ことなどを求めるとしている。

④最小リスクまたは無リスク(Minimal or No Risk)

　リスクが最小、またはリスクをおよぼさないAIシステム。

　具体例として、スパムメールの自動分類などが挙げられており、EUで現在利用されている大多数のAIはこのカテゴリに属するとしている。

　AI規制法については、欧州議会、EU加盟国、欧州委員会の間での三者協議(トリオローグ)が採択後も続いている。AI規制法の適用対象となる行為、対象となるAIの定義、禁止対象とするAI利用の範囲、ハイリスクに含まれるAIの用途、これらに対する法対応、生成AIの提供者の義務などについての議論がなされていると言われ、今後も条文の追加・修正など行われることが想定される。

1.6.3　産業分野でAIを普及させるために必要なこと

　AIの発達によって、大量なデータを学習すれば複雑な事象も認識できるようになり、いまでは画像識別も音声認識や翻訳も、人の能力より高い性能でこなせるレベルに到達している。ただし、実際に産業へ応用しようとすると、学習データが少ないケースが散見される。そのため、最近では少量の学習データで高精度なAIモデルを開発する技術も注目されている。そのような技術が発展することで、より多くのシーンでAIが活用できるようになるだろう。

　一方、実際にやってみないとわからないのがAIの本質的な性質である。結果は出たとしても、期待する性能は出ないかもしれないということもある。AIで画像検査を自動化し、90％ぐらいの認識率が欲しいと言われても、実際に何％になるのかはやってみなければわからない。

　AIはブラックボックスなので、エネルギーや社会インフラ分野では物理現象に基づく説明ができないものは使えないと言われることも珍しくない。AIにより結果が導き出されたプロセスがわからないため、結果を受け入れられにくいのである。また、AIは学習したデータに基づいてモデルがつくられるため、学習データとは異なる外部環境の変化が起こると追随できなくなる点も課題になる。経時的なドリフト(何らかの予期せぬ変化によって

モデルの予測性能が劣化していくこと)が起きることがそれにあたる。変化が起こるときにそれに追随できる仕組みがないと、AIは使いにくい。AIの本質や使い方を十分に理解できている企業は必ずしも多くはなく、自分がわからないことはやりたくないという内向きの方向に走ってしまう傾向もあるのではないだろうか。

　最近では、人が行っていた認識や作業を自動化するところから、前述の生成AIと呼ばれるような、クリエイティブ分野で画像・文書・音楽などを生み出せるようなAIも出てきた。その進歩が衝撃的であることはすでに述べた通りである。

　今後、さまざまなデータが国を越えて流通するようになると、データも大量で複合的になり、もはや人の力だけでは分析できなくなる。そこでAIでデータを連携・統合させ、バリューチェーン全体の最適化を図る必要が出てくる。さらに、カーボンニュートラルやサーキュラーエコノミーの世界になると、いろいろなモノやコトが、つながった中で最適化しなければならない。

　AIは第4次産業革命において、ますます重要な役割を果たすようになるだろう。

　一方、AIの品質を担保するには、データ自体の品質も保証しなければならない。従来の品質とは定義も少し変わってくるだろう。AIの品質はITシステムの開発品質とは異なる軸で捉える必要がある。データ自体の分布や分散、網羅性なども見なければならない。たとえば、モデルの認識精度が95％だったとして、残りの5％に該当するデータをどう処理するかも考慮した上で、システム全体としての安定性を維持しなければならない。外部環境の変化に対する頑健性を評価する技術や、運用時のモニタリング技術なども駆使しながら、総合力としてAIの品質を高めていく必要が出てくるだろう。そうなると、単純にAIの技術だけの話ではなく、ビジネスもプロジェクトも理解できる人材が重要になる。AIリテラシーとビジネススキルの両面を持ち併せた人材や、顧客の課題とAI技術のマッチングをコーディネートして、データの取扱い方や周辺ソフトウェアも含めて、横断的に提案・サポートできる人材の確保や育成が大切になっていく。

1.7 デジタルツイン

1.7.1 デジタルツインとは

デジタル技術の進化によって実現可能になった技術のひとつが、「デジタルツイン」(デジタル空間上の双子)である。

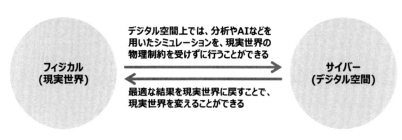

図1.10 デジタルツイン

このデジタルツインを活用し、フィジカル(現実世界)をサイバー(デジタル空間)上に双子のように再現することで、さまざまなメリットがもたらされることが期待されている。工場の建設や製造設備の導入・設置、都市開発など、あらゆる場面においてデジタル空間に現実世界を再現することによって、事前のシミュレーション・分析・最適化を行い、それを現実世界にフィードバックする仕組みの構築が可能となる。

デジタル空間上では、分析やAIなどを用いたシミュレーションを現実世界の物理制約を受けずに行うことができるため、現実世界では行うことができないようなシミュレーションを何十万回、何百万回と行うことができるようになる。そして、その中の最適な結果のみを現実世界に戻すことで、現実世界を変えることができるようになる。

1.7.2 アポロ13号から始まったデジタルツイン活用

デジタルツインの歴史は、1970年の米国航空宇宙局(NASA：National Aeronautics and Space Administration)によるアポロ13号の月面探査プロジェクトにおいて「ペアリングテクノロジー(Pairing Technology)」として活用されたことに遡る。当時、宇宙飛行中に酸素タンクが爆発し危

機に瀕した際に、地球上のデジタルツインを活用してシミュレーションを実施しアポロ13号の帰還を図ったとされる。

　この際、NASAが地球上でアポロ13号の再現模型を作成し、帰還までの予測をシミュレーションし、アポロ13号の帰還をサポートしたとされる。多くのエンジニアとコンピュータを動員し、通常は何カ月もかかる仕事をわずか数日で成し遂げたとされ、燃料や酸素を節約しながら帰還が可能な軌道をシミュレーションし、月の裏側を回って地球に帰るルートを導き出した。宇宙空間という現場で発生する未来の状況を再現し、リスク判断や指示出しを行うペアリングテクノロジーが、アポロ13号を救ったのである。当時はインターネット創成期で、多人数が同時にシミュレーションを行える環境もなかったため、人の作業を介してシミュレーションや指示などが行われたと言われている。

1.7.3　国全体をデジタルツイン化するシンガポールの取組み

　デジタルツインを用いてシンガポールの国全体をバーチャル化する試みとして進められてきたプロジェクトが、「バーチャル・シンガポール(Virtual Singapore)」である。このプロジェクトは、シンガポールの政府機関であるシンガポール国立研究財団(NRF：National Research Foundation)がシンガポール土地管理局(SLA：Singapore Land Authority)や情報通信開発庁(IDA：Infocomm Development Authority)などとともに主導している。

　バーチャル・シンガポールでは、シンガポール全土の地形情報や建築物、さらには交通機関などの社会インフラに関する情報までを統合し、デジタル空間上に3Dモデルとして再現し、さらにその3Dモデルに各種のリアルタイムデータ(交通情報、車・人の位置情報など)を統合し、都市のデジタルツインを実現している。デジタル空間上に国土だけでなく、空間上に存在する人やモノなども含め再現し、空間も含めた最適な利用シミュレーションを行い、最適な結果を現実世界にフィードバックすることで人口動態や都市開発による変化などを含め、都市が時間とともにどのように発展、進化するのかを視覚的に把握しながら、国家資産である国土や空間、社会イ

ンフラなどの最適な配置や利用を目指す取組みである。

　シンガポールは2014年にスマート国家 (Smart Nation) というビジョンを打ち出しており、バーチャル・シンガポールはそのビジョンを支える取組みのひとつとなっている。また、バーチャル・シンガポールでは、さまざまな用途向けのデータ活用を想定しているため、機密データやセンシティブなデータなどが確実に保護されるよう管理していく取組みも進められている。

1.7.4　顧客経験価値の拡充をもたらすバーチャルツイン

　バーチャル・シンガポールにソリューションを提供し、支援を行っているのがフランスのダッソー・システムズ (Dassault Systèmes) である。ダッソー・システムズは、ミラージュなどの航空機を製造するダッソー・アビアシオン (Dassault Aviation) のIT部門がスピンオフしてつくられた会社である。航空機の風洞 (固定した模型の周りに空気を流し、大気中を飛んでいる状態を模擬し、その模型に働く力やその周りの風の流れを計測する試験設備) のモデル開発においては、設計の段階から3次元で表現する必要があり、それを実現する3D設計の会社として設立された。

　ダッソー・システムズは、3D設計 (CAD：Computer-Aided Design: コンピューター支援設計) ソフトウェアである「CATIA」を1981年に発表し、その後、コンピュータ上での試作モデルの作成や検証のためのソリューションである「DMU(デジタル・モックアップ)」の提供を開始した。当時、ボーイングが開発していた「ボーイング777」はダッソー・システムズの技術を使用して設計された最初の航空機である。その後、ダッソー・システムズは次の段階として、PLMを推進している。製品は設計だけでは実現できないと考え、製造も含めてプロダクトライフサイクル全般で3Dモデルを活用する取組みを推進している。

　PLMとは、製品の企画段階から廃棄、リサイクルに至る全行程で設計図や部品表などのデータを共有し、製品開発力の強化、設計作業の効率化、在庫削減を目指す取組みのことを指す。

　従来から製造業では、利益を最大化するためにQCDが重視されてきた。

QCDとは、Quality(品質)、Cost(コスト)、Delivery(納期)の頭文字をとったもので、製造業において重要な要素である。QCD管理は品質の高い製品をできるだけ低いコストで製造し、迅速に市場に投入することに対応するために必要な取組みと言え、そのためには、プロダクトライフルサイクル全体を管理する必要があり、設計・開発部門や製造部門など、各部署が連携する必要がある。

　そこで、誕生したが概念がPLMである。PLMには、要件管理、CADやBOM(Bill of Materials：部品表)データの管理、取引先情報の管理、製品データやサービス部品の管理など、製品ライフサイクル全体を管理する概念が含まれる。これにより、開発力や企業競争力の強化が可能になり、QCDの向上につながると言われている。

　モノづくりの体制強化を図るため、PLMに注目する製造業も増加している。製造段階だけのコスト管理ではなく、設計段階やサービス段階のコストも把握し、製品の投入時期や撤退時期までもコントロールしていくことができなければ、競争に勝ち残ることが難しいからである。

　現在、ダッソー・システムズは「3DEXPERIENCEプラットフォーム」の提供を進めている。現代では、単に性能や機能、仕様といった機能価値だけでなく、サービスやコンテンツなども含んだトータルな顧客経験価値(EXPERIENCE)をいかに設計し、提供できるかが企業の成功を左右する。

　製造した製品を使って顧客はどんなことができるのか、そこから顧客はどんな経験価値を得ることができるのかといった視点が、ビジネスにおいてはますます重要になってきている。それを実現するためにはCADだけではなく、データ管理やシミュレーション、データ分析など幅広い分野の技術が必要になる。その中でダッソー・システムズが提唱している概念が、「バーチャルツイン」である。

　ダッソー・システムズではデジタルツインはフィジカルを投射した過去の事象の再現であり、バーチャルツインは将来実現したいモデルを含むものと定義している。バーチャルツインを用いることで、サイバーのモデルを使った未来のシミュレーションが可能となり、現在もしくは過去のデータとの比較をすることでモデルを成長させていくための仕組みが実現できるとしている。また、業務プロセスをつなぎ、すべてのデータの継続性と

一貫性を担保するとともに、バーチャルツインの強みを生かしてイノベーション創出を支援し、さらにサステナビリティ(持続可能性)の専門家を含む、社内外の多くの関係者を巻込んだコラボレーション基盤を提供することで、新しいモノづくりの実現をサポートしていくとしている。

　製造業において、シームレスにエンジニアリングチェーンをつなぎ、顧客経験価値を高めていくためには、研究開発、マーケティング、商品企画、構想設計、解析、詳細設計、試作・試験、生産準備・生産技術、製造、保守、販売・広告宣伝、全体のプロジェクト管理などのソリューションがシームレスにつながっていることが必要になる。そのためには既存のさまざまなソリューションを連携し、サプライチェーン、エンジニアリングチェーンのプレイヤー間で3Dモデルや技術、蓄積されたナレッジやビッグデータを連携・共有することが重要になる。エンジニアリングチェーンをシームレスに接続し、バーチャルツイン上でつながりも含め再現することで、製造業にはさまざまなメリットがもたらされる。

　たとえば、EV(Electric Vehicle：電気自動車)メーカーでは電動パワートレインを使ったEVを基礎からつくり上げていく上で、設計を効率的に行う必要があり、コラボレーション(協業設計)は、設計プロセスの効率化を進める上で不可欠な要素になっている。また、顧客がボディカラーやオプションパーツなどを装着したイメージを、注文前にサイバー上で確認ができるようになれば、その顧客経験価値は大きく高まるだろう。さらに、自宅のガレージにおける収納イメージまでサイバーで確認できるようになれば、その経験価値はさらに充実すると考えられる。

　自動車製造においては、EV化により内燃機関に比べて部品点数が減るとともに共通部品が増えている。モジュール化の推進によっても、共通コンポーネント・共通部品が増えてきている。今後、PCと同様にインターフェース標準化が進めば、顧客がアクセサリーパーツを自由に選択するような時代が来るかもしれない。

　マス・カスタマイゼーションの高まりにより、製造業においては短期間でいかに生産準備を行い、製造や品質検査時の課題、顧客の購入後の環境や使い方における状況などを設計や生産準備、製造などに素早くフィードバックするかがますます求められていく。それを解決するために、ダッソー・

システムズでは設計の3Dモデル・設備の3Dモデルを生産準備段階で活用し、製造における実現性を検証するバーチャルツインの提供を進めている。たとえば、製造段階で何かしらの異常が発生した場合でも、モノづくり工程のバーチャルツインを遡り、異常発生時点での工場の状況をデジタル空間で把握できれば、原因の把握と対策を早く打つことが可能になる。

　また、自律性が低い中で厳しい安全基準対応を行わなければならないドローンの設計などにおいても、複雑なシステムを最適化し、構造、外形寸法、パーツの配置、内部容積などの要件に応じた最良の落としどころを見出すためには、すべてのデータが3Dのデジタル空間上に集約され、ビジュアルに確認できることは大きなメリットにつながるはずである。

1.8　生産年齢人口減少の現状

　日本においてデジタル技術のニーズが高まっているもうひとつの背景がある。

　内閣府が毎年発行している高齢社会白書の令和5(2023)年版によると、令和2(2020)年の日本の高齢化率(総人口に占める65歳以上の割合)は28.6％である。そして、2000年から2060年(予測)までの間に日本の生産年齢人口は3,500万人以上減少し、高齢化率は17.4%から37.9%に増えると予測されている。

　日本の製造業においては、匠と呼ばれる熟練技能者のノウハウ、その継承と進化が競争力の維持・向上を支えてきた。しかし、暗黙知を見える化することなく、長年に渡る実地経験の中で「人から人へ」継承していくという従来の方法は、生産年齢人口の減少に伴う人材不足により困難になってきている。

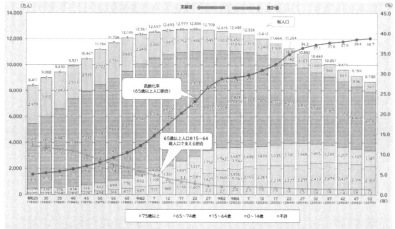

資料：棒グラフと実線の高齢化率については、2020年までは総務省「国勢調査」（2015年及び2020年は不詳補完値による。）、2022年は総務省「人口推計」（令和4年10月1日現在（確定値））、2025年以降は国立社会保障・人口問題研究所「日本の将来推計人口（令和5年推計）」の出生中位・死亡中位仮定による推計結果

(注1) 2015年及び2020年の年齢階級別人口は不詳補完値によるため、年齢不詳は存在しない。2022年の年齢階級別人口は、総務省統計局「令和2年国勢調査」（不詳補完値）の人口に基づいて算出されていることから、年齢不詳は存在しない。2025年以降の年齢階級別人口は、総務省統計局「令和2年国勢調査」参考表：不詳補完結果」による年齢不詳をあん分した人口に基づいて算出されていることから、年齢不詳は存在しない。なお、1950年～2010年の高齢化率の算出には分母から年齢不詳を除いている。ただし、1950年及び1955年において割合を算出する際には、(注2) における沖縄県の一部の人口を不詳には含めないものとする。

(注2) 沖縄県の昭和25年70歳以上の外国人136人（男73人、女81人）及び昭和30年70歳以上23,328人（男8,090人、女15,238人）は65～74歳、75歳以上の人口から除き、不詳に含めている。

(注3) 将来人口推計とは、基準時点までに得られた人口学的データに基づき、それまでの傾向、趨勢を将来に向けて投影するものである。基準時点以降の構造的な変化等により、推計以降に得られる実績や新たな将来推計との間には乖離が生じうるものであり、将来推計人口はこのような実績等を踏まえて定期的に見直すこととしている。

(注4) 四捨五入の関係で、足し合わせても100.0%にならない場合がある。

図1.11 高齢化の推移と将来推計
(出典 内閣府：「令和5年版高齢社会白書」，図1-1-2
https://www8.cao.go.jp/kourei/whitepaper/w-2023/zenbun/05pdf_index.html)

　このような課題への対応と生産性向上を両立するためには、ノウハウを「人から人へ」継承するだけではなく、「人からデジタルへ」継承する考え方も必要となってきている。ただ、「人から人へ」ノウハウを継承する場合も、「人からデジタルへ」継承する場合も、それらの暗黙知を「見える化」することが求められ、そのためにはデジタル技術の活用が必要となる。「人から人へ」しか継承できないノウハウの見極めができれば、デジタルへの継承も可能になるだろう。

1.9　匠のノウハウのデジタル継承の必要性

1.9.1　バリューチェーンの2つの形態

　日本の製造業のバリューチェーンには大きく2つの形態があると言われる。

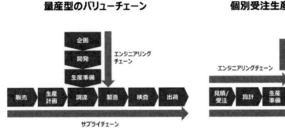
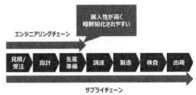

図1.12　バリューチェーンの2つの形態
(提供　株式会社コアコンセプト・テクノロジー)

　ひとつは、量産型によく見られるバリューチェーン形態であり、エンジニアリングチェーンがサプライチェーンから分離されていることが特徴である。製造工程において、受注の都度、人が考え、人が決める工程が少ないことが特徴であり、第3次産業革命がもたらした「自動化」の効果により大きく生産性を高めた形態と言える。

　もうひとつは個別受注生産型によく見られるバリューチェーン形態であり、エンジニアリングチェーンがサプライチェーンの上流部分に含まれていることが特徴である。個別受注生産では、当然ながら個別のカスタマイズ要件が多く、工程予測や生産リードタイムの計測がしにくいという課題があり、生産管理が難しいと言われる。また、仕様の確定タイミングが遅く、短納期になりがちであり、受注内容に応じて、上流工程を匠のノウハウで都度こなしてきたことにその特徴がある。

1.9.2 個別受注生産型のバリューチェーンは生産性に課題

　顧客ニーズが多様化し、マス・カスタマイゼーションの要求が高まる中で、製造業においては個別受注生産型のバリューチェーンの生産性を向上させることが課題となっている。

　個別受注生産においても、その下流工程においては比較的デジタル技術の活用が進んできているが、暗黙知になり継承しづらくなっている上流工程を含めたバリューチェーン全体のデジタル化が今後、重要になる。

　生産年齢人口の減少が進む中、
・暗黙知となっている匠のノウハウを継承する人材が少なくなる
・暗黙知が見える化されていないことで継承に時間がかかる
などの課題が続くと、上流工程をこなせる人が少なくなり個別受注生産型のバリューチェーンは成り立たなくなる。

　上流工程を勘と経験でこなそうとすると、下流工程の作業内容や工程に関する充分な知見や経験が必要になる。上流工程をスピーディにこなせないと下流工程の仕事が滞り、リードタイムが長くなり短納期要求に応えられなくなるという課題もある。

　こういった形態のバリューチェーンにおいてこそ、匠の技のデジタルへの継承が重要となるのではないだろうか。

1.9.3 デジタル化が比較的進みつつある下流工程の取組み

　下流工程である製造工程においては加工補正を自動化することで、稼働率・歩留(良品率)を向上する取組みなどが進みつつある。ここでは製造設備の振動や周辺の温度、3Dモデルと実際に発生したズレなどをAIで学習することで、補正値をレコメンドしていくことや、各センサー値の動きとズレの間で相関が大きいものを見つけ、そのセンサー値があまり変動しないように現場の環境管理を進めていくなどの取組みが大事になる。

　例えば、切削の現場において、工具の磨耗により発生する「削る側」のズレに合わせて「削られる側」をずらして、摩耗した工具でも正確な位置を削ることができるように調整する事例なども出てきている。

　また、検査工程においてはAIによる外観検査の自動化の取組みなどが進

んでいる。自動取込みされたカメラ画像のスケールや角度の違いを吸収し、外観検査をデジタル技術で行う取組みなどが進んでおり、AIによるパターン分類を含む合否判定を行う事例なども出てきている。

1.9.4　上流工程での匠の技の継承のカギは3Dモデルの活用

　個別受注生産型のバリューチェーンの見積/受注・設計工程においては、従来、図面(2D)の情報から、匠が自らの経験に基づき工程を想定し、見積を行うといった形で多くの作業が行われていた。

　この設計情報を3Dモデル化することで、形状を認識し形状の特徴ごとに原価を設定して積み上げるなどの見積の自動化に向けた取組みが可能となる。また、過去の3DデータをAIに学習させれば類似度の高い過去見積を特定し、参照先の過去見積を再利用することが可能となる。さらに、3Dデータと見積を学習しておくことで、見積の範囲をデジタル技術により推定することも可能となっていくだろう。

　ここでのポイントは設計の3D化であると考えられるが、「2020年版ものづくり白書」でも述べられていたように、日本では3Dによる設計があまり進んでおらず、主な設計手法がいまだに2Dであることが課題となっている。2020年版ものづくり白書ではこの理由として、調達部門が見積のために図面を必要とすること、発注内容と現物を照合する現品表を兼ねていることなどが挙げられているが、これらの環境を変えていく必要があるのではないだろうか。

　3Dモデル化が進めば、設計工程においては、設計上パラメータ化が可能なものを抽出することで、都度ゼロから設計を行う必要はなくなる。さらに、繰り返し行われる設計については自動化を進めることが可能となる。

　また、3DモデルからBOMへの展開を行う際には、可変値としたい寸法値を抽出し、E-BOM(設計部品表)やM-BOM(製造部品表)上で可変パラメータとして扱うことで、サイズのみが異なるような類似設計品の3Dモデルの設計においても、過去のモデルを検索、再利用し、できるだけ新規設計を行わないようにすることが可能となる。

　生産計画工程では、3Dモデルのシミュレーションを活用し、計画・製造

手順を最適化することや、3Dモデルからロボットや設備の制御信号を生成し、設定を自動化することも可能となる。この際に、過去の設計情報を再利用することで、制御信号についても過去の類似データを再利用することも可能となるだろう。

製造指示工程では、3Dモデルから重要寸法値として抽出されたパラメータを、製造指示の際に、設備設定パラメータとして活用することで、製造設備の設定を自動化することも可能となる。

いずれの工程においても生産性の向上や匠の技のデジタルへの継承に寄与すると考えられる。

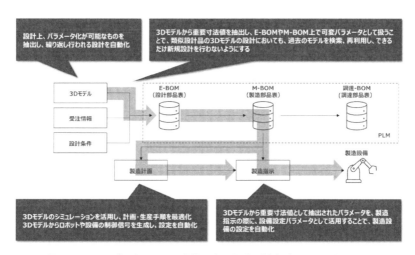

図1.13　3Dモデルを活用し、変化に強い設計・製造プロセスを実現する
(提供　株式会社コアコンセプト・テクノロジー)

1.9.5　匠の暗黙知の見える化がもたらす新たな発見

今後、製造現場の匠のノウハウを継承し、日本の製造業の維持・発展を図るには、デジタル技術を活用し、従来、暗黙知の塊であったエンジニアリングチェーンのデジタル化の取組みを推進することが重要になる。その第一歩となるのが、上流工程での設計情報の3D化や、下流工程でのAIによる自動化だと考える。

　また、匠の暗黙知の見える化のための、デジタル化した情報の見直しは、それまで見えていなかった切口での新たな発見につながるかもしれない。その結果、「人からデジタルへ」ノウハウを継承するだけではなく、デジタル側から新たな知識を補完することも可能になるかもしれない。

　暗黙知のデジタル化により新たな知見が生まれ、新しい価値が生まれる源にもなる可能性もあることを考えると、日本の製造業の匠のノウハウのデジタルへの継承の取組みは、日本の強みの維持・発展に欠かせないものであると言えるのではないだろうか。

1.10　インダストリー4.0

　第 4 次産業革命に対する取組みは各国で進んできたが、その筆頭がドイツのインダストリー4.0(Industrie 4.0) である。

　ドイツでは、少子高齢化による労働人口減少、資源供給問題、産業構造、産業移転、市場変化などの環境変化の中、先進国としてのアドバンテージ維持のための社会ルールづくりの必要性に対応するため、科学技術イノベーション基本計画「ハイテク戦略 (Hightech-Strategie)」を 2006 年に策定した。そして、2010 年にはそれを更新し、「ハイテク戦略 2020 (Hightech-Strategie 2020)」として発表した。ここで定義された 11 個の未来プロジェクトのひとつとしてドイツ経済科学研究連盟 (Forschungsunion Wirtschaft und Wissenschaft) が検討を始めたのが、インダストリー4.0である。

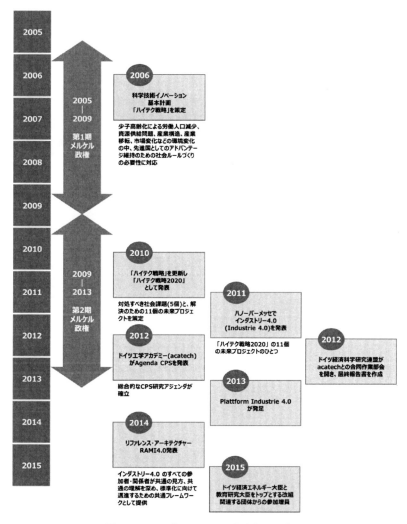

図1.14　インダストリー4.0発表前後の流れ

　2011年にハノーバーメッセでインダストリー4.0は発表された。その詳細化の前にドイツでは2012年にドイツ工学アカデミー (acatech) が Agenda CPSを発表し、総合的なCPS(サイバーフィジカル・システム) 研究アジェンダが確立された。

　2012年にはドイツ経済科学研究連盟はacatechとの合同作業部会を開き、最終報告書が作成され、2013年にはインダストリー4.0の推進団体であるPlattform Industrie 4.0が発足した。2014年にはリファレンス・アーキテクチャーRAMI4.0(Reference Architecture Model Industrie 4.0)が発表され、2015年にはドイツ経済エネルギー大臣（ドイツ連邦経済エネルギー省(BMWi：Bundesminister für Wirtschaft und Energie))と教育研究大臣（ドイツ連邦教育研究省(BMBF：Bundesministerium für Bildung und Forschung))をトップとする改組が行われ、関連する団体からの参加増員がされた。

　この後、ドイツは2018年にハイテク戦略をさらに更新した「ハイテク戦略2025(Hightech-Strategie 2025)」を発表している。ここには、ドイツの将来の能力強化のため、ドイツ全体の研究開発費のGDP比率を2025年までに3.5％に引上げることが目標として記されている。さらに、重点分野として、ヘルスケア、サステナビリティ、モビリティなどを挙げており、そのためには、グリーン水素、マイクロエレクトロニクス、AI、ネットワーク、ソフトウェア、新素材、量子などの技術が重要になるとしている。

　2019年には、後述の「2030 Vision for Industrie 4.0」を発表している。

　当時発表されたインダストリー4.0の最終的な実現に向けたロードマップは、2035年までという長期に渡る構想であった。多くの企業や製造設備などをネットワークにつなぐために標準規格化や、製造設備などを標準に合わせて切替えていく期間、新しいビジネスモデル手法やジョブデザインの検討期間、バリューチェーンのフレームワーク、CPSのフレームワークなどを定義する期間などを最初に設けていた。インダストリー4.0はある日突然でき上がるのではなく、関連するものが徐々に進化し、理想形に近づいていくものと言える。

1.11 共通フレームワークRAMI4.0

1.11.1 RAMI4.0とは

インダストリー4.0はその前提として、

・これまで分かれていた技術分野(生産技術、オートメーション技術、情報通信技術など)が融合し、他のプレイヤーとの間もネットワーク(インターネットなど)を介してつながること

・企業、業界・分野の枠を超えてネットワークでつながり、バリューチェーンのすべての参加者の間で情報・データが共有されること

を掲げており、その実現には通信構造(ネットワーク、プロトコルなど)、サイバーセキュリティ、データ保護、概念・専門用語・記号などの標準化が必要となる。

インダストリー4.0では「製造業のデジタル化とエコシステム構築をその中心」と位置付けており、学術、産業、政治、業界団体、労働組合などが連携することで社会全体のプロジェクトとしてインダストリー4.0を成功に導くことを目指している。

製造業のデジタル化の対象範囲は、技術イノベーションから社会の変化まで幅広い分野やテーマにおよぶため、多方面のノウハウを束ねて連携することが必要となる。その実現のために、インダストリー4.0のすべての参加者・関係者が共通の見方、共通の理解を深め、標準化に向けて推進するための共通フレームワークがリファレンス・アーキテクチャーRAMI4.0である。

RAMI4.0では、インダストリー4.0 の最も重要な側面を階層レベル(Hierarchy Levels)、アーキテクチャー 「レイヤー」(Architecture 'Layers')、ライフサイクル・価値の流れ(Life Cycle & Value Stream)の3次元の軸で表現している。

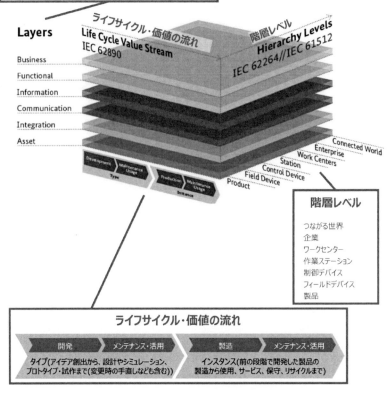

図1.15　リファレンス・アーキテクチャー RAMI4.0
(Reference Architecture Model Industrie 4.0)
(出典　ロボット革命イニシアティブ協議会：「Plattform Industrie 4.0 の管理シェルの概要
調査報告書」を基に作成)

1.11.2 階層レベル

階層レベル (Hierarchy Levels) は、ネットワークでつながった生産システムの階層レベルであり、以下の7つの階層レベルを定義している。

①つながる世界 (Connected World)
②企業 (Enterprise)
③ワークセンター (Work Centers)
④作業ステーション (Station)
⑤制御デバイス (Control Device)
⑥フィールドデバイス (Field Device)
⑦製品 (Product)

1.11.3 アーキテクチャー「レイヤー」

アーキテクチャー「レイヤー」(Architecture 'Layers') は、情報通信工学的な階層構造であり、以下の6つのレイヤー (層) に分離している。

インダストリー4.0における「アセット」の定義は幅広く、インダストリー4.0の実現のためにネットワークに接続される必要がある現実世界のすべてのモノ (存在) を意味する。設備や機器がアセットの代表例として挙げられるが、原材料や部品・コンポーネント・構成要素、最終製品・半製品、備品・消耗品、人やシステム、ソフトウェア・ドキュメント・ライセンス・著作権などの非物資的なモノ、情報やサービスなどもアセットに含まれる。

①ビジネス (Business：組織とビジネスプロセス)
②機能 (Functional：提供機能)
③情報 (Information：必要なデータ)
④通信 (Communication：情報の提供や受領のためのインターフェース)
⑤インテグレーション (Integration：フィジカル (現実世界) からサイバー (デジタル空間) への移行)
⑥アセット (Asset：現実世界に存在するモノ)

1.11.4　ライフサイクル・価値の流れ

　ライフサイクル・価値の流れ (Life Cycle & Value Stream) は、アセットのライフサイクルを表す。その際、タイプ (Type) とインスタンス (Instance)にフェーズを分けし、流れを表している。

　タイプのフェーズにはアイデア創出から、設計やシミュレーション、プロトタイプ・試作までが含まれる。インスタンスのフェーズの対象は、前の段階で開発した製品の製造以降となる。使用していた部品の製造中止、品質改良など、製品に関する変更が必要になると、タイプにて変更が行われ、その後にインスタンスに反映され、新しい製品バージョンとなる。タイプとインスタンスは、ライフサイクルを通じてつながる必要がある。

1.12　つながりを支えるアセット管理シェル

　インダストリー4.0が当初から掲げていたのが、アセット管理シェル(AAS：Asset Administration Shell) というメーカーが異なる機器や人などの情報をサイバー (デジタル空間) で容易に連携できる仕組みである。

　AASは、インダストリー4.0で提唱されているアセットの接続性とインターオペラビリティ (相互運用性) を実現するオープンスタンダードである。

　アセットには物質的な設備や機器、非物質的なドキュメントなど、インダストリー4.0の世界につながる必要のあるすべてのモノが含まれることを前述した。物質的、非物質的に関わらず、それぞれのアセットをインダストリー4.0の世界に結び付けるのがAASの役割である。AASは標準化されたインターフェースで、アセットとアセットがデジタル空間でお互いに連携できるようにする仕組みであり、インダストリー4.0の推進団体や企業によってその具体化や活用が進められている。

　オープンスタンダードであるAASの考え方や規格を取入れることで、特性が異なるさまざまなメーカーの設備や機器などを「単一の方式」でつなげられるようになるわけで、たとえば、これを用いて製品カーボンフットプリントの追跡などが可能となる。

　一方、AASの活用の拡大には課題もある。現在、電機・電子などの産業領域においてはAASの活用が広がってきており、AASを活用することが普通になってきているが、こういった領域において策定されたセキュリティなどを含む標準を、医療やおもちゃ、アパレル、自動車、バッテリーといったすべての産業領域にそのまま適用しようとすれば、各業界から反発も出てくるだろう。

　技術的にはインターオペラビリティを実現する手段はAASしかないのも事実であり、普及は進むであろう。ただし、AAS普及に向けては、各業界に配慮した個別対応を業界ごとにどこまで、許容していくかといった点も課題となるのではないかと考える。

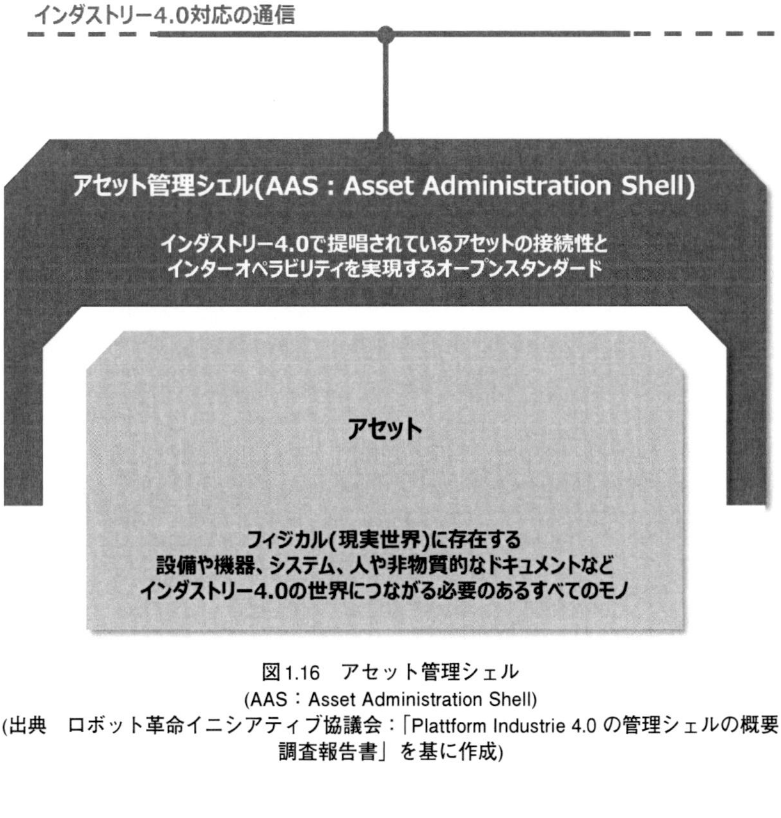

図1.16　アセット管理シェル
(AAS：Asset Administration Shell)
(出典　ロボット革命イニシアティブ協議会：「Plattform Industrie 4.0 の管理シェルの概要
調査報告書」を基に作成)

1.13　つながることで価値創造を目指す

　インダストリー4.0はその目的として、伝統的・従来型の製造業を未来型の製品とサービスが提供可能な「高度で効率的な製造システム・サプライチェーンに変革」して新しい価値を創造していくことを掲げている。

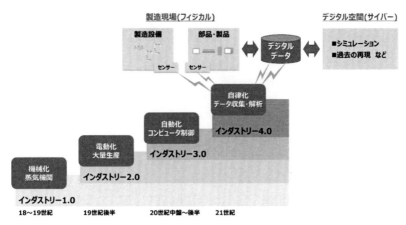

図1.17　「つながる」ことで新しい価値創造を目指すインダストリー4.0

　「つながる工場」として製造ライン・製造設備・部品・工場同士をネットワークで接続し、製造現場というフィジカル(現実世界)で起こる事実・状態を、センサーなどを介してサイバー(デジタル空間)へ取込んでシミュレーションや予知・予兆分析などを行うことにより、品質・生産性・コストなどの最適化を目指すことを掲げている。

1.14　インダストリー4.0の概念

　インダストリー4.0では当初から概念としてデジタルファクトリーからデジタルエンタープライズ、デジタルエコシステムを経て、デジタルエコノミーへ向かうということが語られてきた。

図1.18　インダストリー4.0の概念

　このように、インダストリー4.0のコンセプトは元々さまざまな社会課題の解決であり、工場のスマート化に留まるものではない。日本ではデータを用いた工場内諸問題の解決に視野が行きがちだったが、ハノーバーメッセのここ数年の主テーマは地球温暖化といった社会課題に対してインダストリー4.0で取組もうというものに変わってきている。

　こういった動きが始まることで、インダストリー4.0の本来の価値が徐々に明らかになってきていると考える。インダストリー4.0が発表されたハノーバーメッセは近年、インダストリー4.0やデジタル製造技術の進捗確認の場として注目されるようになっている。

第**2**章

日本の製造業に求められるDXの取組みと実現のポイント

本章では日本の製造業にDXが求められる背景と現状、日本の製造業でDXが進まない理由と解決のポイントなどについて説明する。さらに、世界経済フォーラムがコンサルティング会社のマッキンゼーとともに選定するベンチマーク工場「ライトハウス」、DX実現の重要キーワード「ソフトウェア・デファインド」などについて解説する。

2.1　いま、なぜ製造業DXが必要なのか

　製造業がDX(デジタルトランスフォーメーション)に取組むべき理由は
何であろうか。それは「製造現場のノウハウ継承が困難になったこと」「モ
ノづくりの競争力の維持」「製品の変化への対応」「業務のリモート化ニー
ズの拡大」の4つのポイントにある。

製造現場のノウハウ継承が困難に	生産年齢人口が減少する中、長年に渡る実地経験の中で熟練技能者のノウハウを継承することが困難になり、人からデジタルへの継承が必要となっている
モノづくりの競争力の維持	日本の製造現場では古い機械がいまだ利用されている中、海外の工場は最新設備が導入されたりしているが、こういった中でも日本のモノづくりの競争力を維持する必要がある
製品の変化への対応	製品が複雑化・ソフトウエア化するとともに、納入後の顧客の使い方や環境への適合までをも含めたモノづくりやサービス提供が求められている
業務のリモート化ニーズの拡大	新型コロナウイルスの影響などによりリモートでの作業支援やメンテナンスサービスの仕組みづくりが必要となっている

図2.1　製造業がDXに取組むべき理由

2.1.1　製造現場のノウハウ継承が困難になったこと

　日本の製造業においては、これまで匠と呼ばれる熟練技能者のノウハウ
を人から人へ継承することで、競争力の維持・向上を支えてきた。しかし、
生産年齢人口が減少する中、培ったノウハウを長年に渡る実地経験の中で
すべて人から人に継承することは難しくなってきている。そのため、今後
は可能な限りデジタルに継承できるノウハウはデジタルに継承していく必
要があり、そのためにも製造業はDXに取組むべきである。

2.1.2　モノづくりの競争力の維持

　日本企業の製造現場では、数十年前の機械がいまだに動いていることも
珍しくない。一方、海外にはゼロベースで最新設備を導入している工場が

多くある。そういったハンディキャップがある中でも、日本の製造業には
モノづくりの競争力を維持することが求められており、その鍵となるのが
DXになる。

2.1.3 製品の変化への対応

製品が複雑化し、ソフトウェア制御(ソフトウェア・デファインド)の範
囲が増えている中で、従来のように製造現場のノウハウだけで製品の品質
を高めることは難しくなってきている。また、顧客に製品を納入し、顧客が
製品の使用を始めた後でもソフトウェアのアップデートなどを通じて、製
品を使う顧客の環境変化やニーズに常に対応していくことまでを考えたモ
ノづくりが求められている。このような環境変化に対応するためにもDX
に取組む必要がある。

2.1.4 業務のリモート化ニーズの拡大

新型コロナウイルスの影響などによりリモートでの作業支援やメンテナン
スサービスの仕組みづくりが必要となっている。これはアフターコロナで
も継続をすると考える。

2.2 インダストリアル・メタバース

先ほど4番目に触れた業務のリモート化ニーズの拡大に対応するために、
離れた場所にいる技術者の共同作業を実現する技術のひとつが「インダス
トリアル・メタバース」である。

インダストリアル・メタバースは離れた場所にいる技術者が、時間や場
所の壁を越えて共同作業ができるようにすることを目指したものであり、
実用化されれば、製造業の現場には革新的な変化がもたらされるだろう。

では、メタバースとはどのようなものを指すのだろうか。

メタバースを構成する要素

メタバース ＝ 仮想空間 ＋ アバター (人、モノ) ＋ ストーリー

図2.2　メタバースを構成する要素
(提供　日本マイクロソフト株式会社)

　多くの人がメタバースからイメージするロールプレイングゲームの世界を考えてみたい。ゲームの世界には、ゲームを行う仮想空間(デジタル空間)があり、その空間の中に主人公となる自分のアバターがいる。複数人で行う場合は複数人のアバターがいる。そこにはキャラクターのアバターもいるかもしれない。そして、何よりもゲームであるためには、それらのアバターがどのように関係するかというストーリーがある。

　つまり、デジタル空間の中にアバターが存在し、それぞれのアバターがコミュニケーションをとりながら物語を構成していく。

　では、製造現場に照らしてみるとどのようになるのだろうか。

　物語の主人公となるアバターは、現場やオフィスで働く人々である。次に、さまざまなキャラクターたちは、現場で活動する製造設備あるいは製造しているワーク自体であると言える。すなわちモノのアバターである。これに対してストーリーとなるのは、人とモノが関わり合って得られることなので、業務プロセスと置換えることができる。そして、これらの関係をモデル化してデジタル空間上で表現したものはデジタルツインに他ならない。製造現場のケースでは、メタバースとはデジタル空間に人やモノのアバターを配置し、それらがなす業務プロセスを表している世界を指すと置換えることができる。

メタバースを構成する要素 (製造現場のケース)

メタバース = デジタル ツイン空間 + アバター (人、モノ) + 業務プロセス

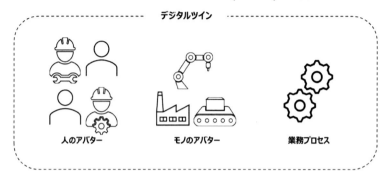

図2.3　メタバースを構成する要素(製造現場のケース)
(提供　日本マイクロソフト株式会社)

　IoTでデータを取得し、そのデータを見える化してさまざまな判断に役立てる取組みは、多くの企業ですでに進んでいるが、あらゆるデータを可視化し、現実世界をデジタル空間に再現し、デジタル空間でシミュレーションまで行えるようにすることが今後求められる。そして、それを実現するのはデジタルツインである。それをさらに、コミュニケーションの部分までデジタル空間で行えるようにするのがインダストリアル・メタバースの役割となる。

　機械がアバター経由で「ちょっと調子が悪い」といったメッセージを出してくれれば、物理的に離れた場所に置いてあっても修理までできるようになる。場所は離れていても、あるいは人とモノの間でも寄り添うような感覚でコミュニケーションがとれることがインダストリアル・メタバースの重要な要素のひとつであると考える。

　Microsoft がRockwell Automationと連携し、進めている取組みにおいては、液体を扱うプラント (加熱、冷却、ろ過などを行う蒸留プラント)の設備をデジタルツイン化し、3Dでモデル化し、そのデジタルツインのデータを用い、マシンラーニングによる消耗品交換時期の予測、レコメンドなどを実現している。

　AIアバターによりChatGPTベースで自然言語対応を行い、アドバイス

(設備の状態、交換対象部品・時期、設備修繕の注意点やトラブル情報など)を行い、BIダッシュボードによる可視化に加えて、ChatGPT機能を用いてTeams上で設備と人の会話が実現されている。

2.3　日本企業のDX取組み状況

2.3.1　全社戦略に基づくDXの取組みが不十分な日本企業

　独立行政法人 情報処理推進機構(IPA)は、企業のDX推進を目的に、日本および米国の企業のDXに関する企業戦略、人材、技術について調査・分析した結果を「IPA DX白書2021」として2021年10月に公開し、それに続く第2弾として「IPA DX白書2023」を2023年2月に公開した。

　IPA DX白書2023では2022年度の国内のDX事例の分析に基づくDX取組み状況の概観、日米企業のアンケート調査結果の経年変化や最新動向、DX推進への課題や求められる取組みの方向性などについて解説している。

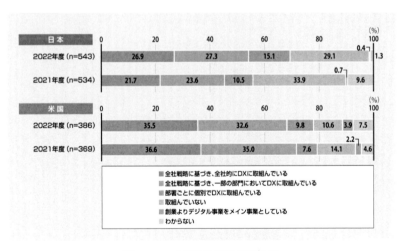

図2.4　DXの取組み状況(日米比較)
(出典　独立行政法人 情報処理推進機構(IPA)：「IPA DX白書2023」, 図表1-7
https://www.ipa.go.jp/publish/wp-dx/dx-2023.html)

　2022年度の調査では、日本ではDXに取組んでいる企業(「全社戦略に基づき、全社的にDXに取組んでいる」「全社戦略に基づき、一部の部門においてDXに取組んでいる」「部署ごとに個別でDXに取組んでいる」の合計)は69.3%となり、2021年度から13.5ポイント増加した。米国ではほぼ横ばい(2021年度79.2%→2022年度77.9%)であり、差は縮小しているように見える。

　しかし、本来のDXの定義を考えると、部署ごとの個別の取組みをDXと呼んで良いのかという疑問が出てくる。そこで、全社戦略に基づいて取組んでいる企業(「全社戦略に基づき、全社的にDXに取組んでいる」「全社戦略に基づき、一部の部門においてDXに取組んでいる」の合計)に絞って見ると、日本は54.2%、米国は68.1%と13.9ポイントの開きがあり、日本企業においては全社的なDXの取組みが進んでいないと推察される。

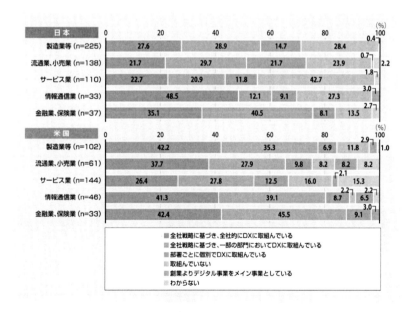

図2.5　DXの取組み状況(日米、業種別)
(出典　独立行政法人 情報処理推進機構(IPA)：「IPA DX白書2023」，図表3-2
https://www.ipa.go.jp/publish/wp-dx/dx-2023.html)

業種別に見ると、日米ともにDXに取組んでいる割合が高いのは「金融業、保険業」「情報通信業」、割合が低いのは「サービス業」となっている。製造業に関しては日米差が大きく、日本ではDXに取組んでいない企業が3割近くにおよび、全社的に取組んでいる企業は6割に満たない状況である。

2.3.2　日本の製造業でDXが進まない理由と解決策

では、なぜ日本の製造業ではDXが進まないのか、解決には何が必要なのか。3つの観点で考えてみたい。

日本の製造業でDXが進まない理由(例)	解決策(例)
IT化やデジタル化が目的になってしまう傾向がある	ビジネス変革後の自らの存在意義を未来視点・パーパス視点で描き、それをデジタルでどう実現するかを考えるべき
IT人材が自社にいないため、ITベンダーに依存する傾向がある	DX人材を内部で確保・育成し、できるだけ内製化するか、ベンダーの技術力や成果物に対して判断、評価可能とすべき
取組みが既存ビジネスの延長線上での効率化(業務改善)に偏重する傾向がある	顧客・社会の経験価値を高めるための構造転換(サービス化など)の視点で考えるべき

図2.6　なぜ日本の製造業ではDXが進まないのか、解決には何が必要なのか

1つめは、IT化やデジタル化が目的になってしまう傾向があることである。これに対しては、ビジネス変革後の自らの存在意義を未来視点・パーパス視点で描き、それをデジタルでどう実現するかを考えるべきではないだろうか。

2つめは、IT人材が自社にいないためITベンダーに依存する傾向があることである。

日本ではIT企業の多くを受託開発の企業が占めてきた。受託開発を行う企業が多いということは、そこに従事するIT技術者の割合も高くなる。「IT人材白書2017」によると、日本ではIT人材の72.0％がベンダー企業に、28.0％がユーザー企業に属している。

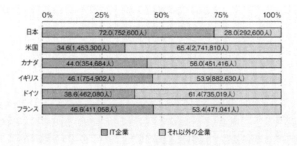

図2.7　IT企業とそれ以外の企業に所属する情報処理・通信に携わる人材の割合(日本、米国、イギリス、フランス：2015年、カナダ：2014年)
(出典　独立行政法人 情報処理推進機構(IPA)：「IT人材白書2017」

　一方、米国は34.6％がベンダー企業、65.4％がユーザー企業に属している。欧州との比較でも日本だけがこの傾向であり、これが日本のIT業界の特徴と言える。欧米のソフトウェア開発は内製が多いと言われることと、この結果との間には整合性がある。

　この数年で日本のIT人材がユーザー企業に所属する割合は多少高くなっているとは思うが、ベンダー企業とユーザー企業の割合が逆転するまでには至っていないだろう。

　こういった中でベンダーに依存するのは、ある意味仕方のないことなのかもしれない。しかし、請負といった契約でベンダーに発注している以上、ベンダー側も発注者の言った通りのものをつくることだけが契約上の仕事になる。こういった中では、契約形態を変えていきつつ、ユーザー企業もDX人材を内部で確保・育成し、できるだけ内製化するか、ベンダーの技術力や成果物に対して判断、評価可能とすべきではないだろうか。

　3つめは、取組みが既存ビジネスの延長線上での効率化(業務改善)に偏重する傾向があることである。これについては顧客・社会の経験価値を高めるための構造転換(サービス化など)の視点で考えるべきではないだろうか。

2.4　ミスミグループ本社の内製化加速の取組み

　製造業が工場の現場で使う機械部品、工具などの製造販売を手掛ける株式会社ミスミグループ本社では、2019年に本格展開を開始した機械部品調達のAIプラットフォームである「meviy(メビー)」が急成長を続けている。meviyは、製造業が工場の製造設備などで用いる板金や切削部品の調達を効率化するサービスであり、日本の製造業が少子高齢化の影響などにより、豊富な労働力の確保が困難となった現在の環境下で生き残るために重要な役割を担うものとして注目を集めている。

　meviyでは、発注元の設計者がサイト上で設計した部品の3D設計(CAD)データを、まとめてサイトにアップロードすると、独自開発したAIを搭載したシステムが形状を自動で解析し、加工工程を算出し、価格と納期を提示する。

　これまでは、人同士のやり取りだったため、手間を考えるとひとつの部品に対して複数の条件違いの見積依頼を出すことはためらわれていたが、meviyでは穴の位置など細かい寸法を変更した複数の3D設計データを用意して、まとめてアップロードするだけで、自動で簡単に複数の見積を比較することができる。

　また、meviyには製造できるかできないかを判断し、できない場合はなぜつくれないのかをわかりやすく説明する機能があり、ユーザー企業の技術レベルの向上にも貢献している。

　見積に対し、発注者はその場で発注することができ、部品は最短1日で出荷される。モノづくりのプロセスの中で最も時間がかかるとされる調達にかかる時間を大幅に削減する画期的なサービスである。

図2.8　meviyの仕組み
(提供　株式会社ミスミグループ本社)

　ミスミグループ本社は、従来meviyの開発の一定の領域を3D形状処理の高度技術を用いた製造業向けシステム開発に強みを持つ株式会社コアコンセプト・テクノロジー(CCT)に発注していたが、成長事業であるmeviyの世界展開を加速させるために、競争力の源泉であるITシステムの内製化の加速に踏み切り、CCTとの共同出資会社である株式会社DTダイナミクスを2022年に設立した。

　これにより、ミスミグループ本社とCCTの人材をDTダイナミクスに集結し、DTダイナミクスがシステム開発を主導することが可能となった。ミスミグループ本社から見れば、一種の内製化の強化と言え、CCTから見ればそのポートフォリオが広がったと言える。これによってシステム開発のスピードを高め、サイトの使い勝手など細かい部分での各国のニーズに素早く対応することが可能となる。

　こういった内製化の取組みは、世界展開において有利に働くと考えられる。

2.5 日本のIT業界が抱える課題と処方箋

日本のIT業界が抱える課題は2つある。1つは「ユーザー企業のベンダー依存体質」、もう1つは「ユーザー企業の要求通りのソフトウェアをつくるのが仕事だと思っているベンダーの体質」である。各々について課題とその解決策を考えてみたい。

2.5.1 ユーザー企業のベンダー依存体質からの脱却

日本のデジタル投資の多くはユーザー企業がベンダーに対して、開発を委託するためのものと考えられる。前述の、日本のIT人材の多くがベンダー企業に属していることからもわかるように、ユーザー企業は自身でシステム開発をほとんど行ってこなかったからである。

日本では、システム開発を大手SIベンダーがユーザー企業から受託し、さらに外注企業へ開発業務を委託するという「多重下請けの構造」が成り立ってきた。IT化によるバックオフィス業務の効率化などが注目された1980～1990年代と異なり、いまやITやデジタル技術はビジネスモデルの根幹となり得る重要な役割を担っている。その部分をベンダーに任せきりにしていては、新たなビジネスや付加価値のあるサービスを創出することは難しいだろう。

ユーザー企業が自社の業務やニーズに即したシステムを導入して企業競争力を付けるためには、「できる限り内製する」か、もしくは「ベンダーの技術力や成果物に対して正しい判断、評価ができるようなIT・デジタル人材を自社で確保・育成する」ことが必要になる。

2.5.2 ベンダーの体質の改善

従来、日本のベンダーの多くはユーザー企業の要求を聞き、ユーザー企業の要求通りのソフトウェアを受託開発してきた。また、多くのベンダーは、ユーザー企業のRFP(提案依頼書)などに応じて自社が扱う製品とSI(システムインテグレーション)の組合せで提案をしている。ユーザー企業の側に立って考えれば、ユーザー企業の課題を分析し、課題を解決し成功を獲

得するためのビジネスモデルやプロセスを考える必要がある。また、システムの要件を逆提案し、要件を実現するためには、競合も含めた製品も選択肢に入れ、最適な提案をすべきかもしれない。

しかし、実際には「顧客の未来」を思い、必要に応じて既存の競合他社とエコシステムをつくるという選択をするベンダーは少ないと思う。いま、多くのユーザー企業が自社の立ち位置や提供価値の変革を目指すDXに期待を持っている。このような時代にあっては、ベンダーはユーザー企業の未来を自らの未来と重ね合わせてユーザー企業の側に立ち、ユーザー企業の長期的成功を選択することが求められている。ベンダーにもビジネスモデル変革が求められているのではないだろうか。

2.5.3　拡大するユーザー企業発のIT企業の役割

DXを実現していく際には「自社」「業界」「社会」と立ち位置、視点を変化させていくことが重要である。しかし、IT専業ベンダーが現状のままで顧客の視点変化を起こしていくのは難しいと考える。

今後のベンダーにはユーザー企業の業務やビジネスを理解した上で、ITやデジタル技術を活用してビジネスモデルをどう変えていけるかを考えられる人材の獲得・育成が求められる。また、ITだけでなく業務、ビジネスを含めた多様な人材が相互に知識を共有して進める体制づくり、その推進を任せられるリーダーの獲得・育成などが求められるのではないだろうか。

ベンダーにも変革が求められている。システムやサービスをどうつくるかだけでなく、自社の製品・サービスがどう使われるのか、使われる可能性があるのかといった、利用シーン全体を俯瞰する「システム思考」や「デザイン思考」が今後必要となってくると考える。こういった思考を早期に獲得できる可能性が高いのは、ユーザー企業に属し、自社のドメインの技術を持ちつつITの技術も持ったユーザー企業発のIT企業かもしれない。また、人材の流動性を高め、ユーザー企業とベンダーの間での人の行き来などが進むようになることでこういった変革が進む可能性も考えられる。IT化・デジタル化を目的とせず、ビジネスモデル変革という目的を常に優先して考える必要がある状況では、両方の経験を持った人材が求められる。

2.6　求められる製造業のサービス化

　製造業を例に考えると、DXによってそのビジネスモデルは「モノを製造・提供して、顧客から対価を得る」という考え方から、「顧客の経験価値を高めるために、モノにサービス的要素を加え、顧客、パートナー、場合によっては既存の競合他社と共に価値創りを行う」という考え方にシフトしていく必要がある。

　これまで、日本の製造業においては「モノをつくって売ること」が重要視され、モノの機能価値に重点が置かれていたが、今後は「モノを使い続けてもらうこと」が重要視されるようになる。このような時代には、どうつくるかだけでなく、どう使われるのか(使われる可能性があるのか)といったモノが使われる利用シーン全体を俯瞰するシステム思考やデザイン思考が必要となる。

　また、サービス提供者を含む異業種間での競争が発生するようになる。

　たとえば、自動車を例にとると、自動車のユーザーの中にはもちろんその見た目を気にしたり、運転そのものを楽しんだりする方もいるが、一方、移動の手段として割り切っている方もいる。後者の方にとっては、自動運転がどんどん高度化をしていけば、そのニーズは運転ではなく自動車の中でどうやって過ごすかに変わっていくはずである。そして、そのニーズは同じ人でも目的や時間帯によって異なるはずである。製造業としての従来の自動車メーカーだけでそのニーズに応えることは難しいと考えられ、だからこそ業界を跨いだエコシステムがますます重要となっていく。

2.7　システム思考とデザイン思考

　この際、重要となるのが、システム思考とデザイン思考である。

　システム思考は、いかに俯瞰的に物事を捉えるかいうことである。抽象度を高めると言っても良いかもしれない。分断された系統として考えると、全体の中では見えなかったことが色々な観点から見えるようになるが、逆

に関係性を見失うこともある。分断しながら関係性を見て、最後は元の全体像に統合し、俯瞰的なものの見方をするという思考法がシステム思考である。

一方で、デザイン思考はデザイナーがデザインを行う際に用いているプロセスをビジネスに応用したものである。顧客にどのように使われる可能性があるかということを考え、ユーザーとの対話を大事にするという思考法がデザイン思考である。

全体を捉える力と、使う人、関わる人たちの視点でものを考えることの両方がDXに取組む企業には求められている。

一方、人には認知バイアス(物事の判断が、直感やこれまでの経験に基づく先入観によって非合理的になる心理現象)がある。専門性が高い人ほど、理解は自分の専門領域の範囲でしかできないと言われ、自分が考えていることが、相手にきちんと伝わらない場合も出てきてしまう。DXの推進においては業界を超えたエコシステムの実現が重要となり、そのためには多様なプレイヤーの関わりが求められる。システム思考やデザイン思考を活用することで、多様なプレイヤー間での理解のギャップを埋めることが必要なのではないだろうか。

2.8 ベンチマーク工場「ライトハウス」

2.8.1 第4次産業革命の指標となるライトハウス

第4次産業革命の指標となる「ライトハウス」(灯台)とは、世界経済フォーラム(WEF:World Economic Forum)がコンサルティング会社のマッキンゼーとともに選定するベンチマーク工場のことである。

IoT、AIやそれらを用いた予知・予兆分析、自動化による生産性向上などのデジタル技術の導入だけでなく、人材育成や働き方、企業や業界のサステナビリティ、社会や環境へのインパクトといったESG(Environment(環境)、Social(社会)、Governance(ガバナンス))を含む観点から評価が行われ、2023年1月までに世界132工場が選定されている。

　WEFはマッキンゼーとともに、2017年にグローバル・ライトハウス・ネットワーク(Global Lighthouse Network)を結成し、ライトハウスによって構成されるコミュニティー(共同体)と位置付けている。

　このライトハウスの趣旨の中にパイロットパーガトリー(Pilot purgatory：直訳するとパイロットの煉獄(苦行))を乗り越えるというものがある。その背景には、先進的な取組みを進める製造業と、その他の取組みが進まない多くの製造業との間にギャップが生まれているとの認識がある。

　製造業の取組みの方向性としてライトハウスを示して共有することで、業界全体のサステナブルな発展に向けて多くの企業に変革を促そうとしていると考えられる。

　日本に限らず多くの製造業では、取組みが概念実証(PoC：Proof of Concept)に留まり、本番への移行やビジネスでの活用になかなか至っていない。これはスマートファクトリー化などの取組みでは陥りがちな現象であり、ライトハウスのレポートを見ても、世界中の多くの製造業が共通してパイロットプロジェクトの壁を超えることに苦しんでいるということがわかる。

2.8.2　ライトハウスの選出工場数

　ライトハウスには2023年1月時点で世界で合計132の工場が選出されている。

　選出工場の内訳を本社所在国ごとに見ると、首位が米国で18社36拠点、続いて、中国が14社25拠点、ドイツが8社14拠点となっている。一方、日本からの選出は、わずか2社2拠点に留まっている。

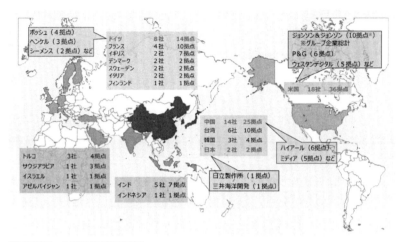

資料：世界経済フォーラム公表資料より経済産業省作成

図2.9　ライトハウス選出状況(本社所在国別)
(出典　経済産業省・厚生労働省・文部科学省：「2023年版ものづくり白書」，図512-1
https://www.meti.go.jp/report/whitepaper/mono/2023/index.html)

2.8.3　ライトハウス選定企業に見られる特徴

　ライトハウスに選定された工場の事例を見ると、デジタル技術をさまざまなところで生かしつつも、現場ではカイゼンをベースに取組んでいるように見える。日本でも多くの工場で行われているスマートファクトリー化への取組みと大きな差は見られないように思えるが、結果的に中国と日本の選定工場数には大きな違いが出ている。

　その理由を推測するに、中国はモノづくりのデジタル化を推進するためにライトハウスを重要なマイルストーンと据えて積極的に取組んでいるのではないだろうか。ライトハウスに選定されれば工場のデジタル化が進み、ベストプラクティスとして世界に証明することにつながるからである。

　中国、ハイアールの瀋陽インターコネクト冷蔵庫工場では、社内で蓄積されたモノづくりの基準・手順・手法などに基づき、工場プロセスとサプライチェーン全体をデジタルで統合し、それを活用して顧客の要件に応じた高精度のマス・カスタマイゼーションの仕組みを構築している。また、その仕組みをソリューション・プラットフォーム化し、社外への提供を進

めている。

　ドイツ、レーゲンスブルクのBMWグループ工場は他の6つの工場とともに、製造業のデジタル化のパイオニアとして評価を受けている。BMWグループでは従業員を新しいデジタルソリューションの実装を成功させるための中心的な要素とみなしつつ、自社工場とサプライチェーンをデジタルでつなぎ、40を超える車種のフレキシブルな生産を実現している。また、社内の取組みをソリューション・プラットフォームに反映し、社外への提供を進めている。

　日本から選定された株式会社日立製作所の大みか事業所は、社会インフラ向けの情報制御システムのエンジニアリング、生産、メンテナンス業務などにおいて、IoT技術やデータ分析を活用することで、リードタイムを短縮させたことなどが評価されている。日立製作所でも、社内での実践結果をソリューション・プラットフォームに反映し、社外への提供を進めている。

　ライトハウス選定企業の特徴を見ると、目先のROI(Return On Investment：投資収益率)にとらわれず目標とする未来像を描き、それに向けてバックキャストし、現在やるべきことを確認しながら確実に進めていく姿勢が見られる。また、現場の個々人の専門性やスキルに依存しない仕組みの構築に向けた取組みも見られる。さらに、特定の工場などで成功した取組みをグローバルサイトへ展開したり、自社の成功事例をソリューション・プラットフォーム化し、外販するなどの取組みを進めたり、他社とのエコシステムを視野に入れた標準化を進めたりしている企業が多いことも特徴と言える。外部の取組みを自社に取入れる姿勢があるだけではなく、自社の取組みを加味した結果をさらに外部に拡大するという動きを目指している企業がライトハウスに選定されていると思われる。

2.8.4　ライトハウスの例から見る、国内製造業の課題

　日本ではライトハウスについて取上げられることはまだ少なく、世界の第4次産業革命に向けた先進的な取組みをキャッチアップできていない製造業も多いのではないだろうか。また、日本国内のモノづくりは製造現場

の匠などの熟練技能者に依存する一方、新興国では新型コロナウイルス蔓延の影響によりリモートでの作業支援の仕組みづくりを余儀なくされ、その結果として海外の工場の方が日本よりデジタル化が進み、それを日本に逆輸入するようなリバース・イノベーションも起こっている。こういった動きの中で製造現場のデジタル化が進む可能性があるとも考えられるが、取組みが製造現場の業務改善に偏重する傾向があった日本の製造業においては、従来からの取組みだけでは限界があるという認識を持つことが必要なのではないだろうか。

　日本の長年に渡る実地経験の中での人から人へのノウハウの継承へのこだわりが、インダストリー4.0による製造オペレーションの標準化とデジタルによる制御・ノウハウの展開を目指すドイツ、「中国製造2025」によって同様の展開を目指す中国とのスピードの差につながっているのではないかと考えられる。

　さらに、ハードウェアとしての製品がコモディティ化する中でサービスやソフトウェアに差別化の重心が移動し、現場の熟練技能だけで品質や価値をつくり込むことに限界が生じている。

　日本企業における製造領域のデジタル化の取組みは、個々の現場の部分最適化に留まり、企業全体での取組みに広がらないケースが多くなっている。

　製造業が世界の厳しいビジネス環境の中で勝ち抜くには、市場を見据えた生産効率の実現と、強固なグローバルサプライチェーンの構築が必要であり、その実現には、デジタル技術を活用したモノづくりの構造的な変革が求められる。

　ライトハウスに見られるような世界の製造業の取組みを捉えつつ、企業は、これまでの強みを生かしながらどのようにデジタル時代に対応した新たなモノづくり、ビジネスモデルに転換できるかを、経営層のコミットメントとリーダーシップの下、検討する必要があると考える。

2.9　ソフトウェア・デファインド

2.9.1　ソフトウェア・デファインドとは

　「ソフトウェア・デファインド (Software Defined)」は、元々サーバや
ネットワーク、ストレージといったハードウェアを仮想化技術で抽象化し、
これらのコンピューターリソースをソフトウェアによって制御しようとい
う考え方や仕組みを指していた。

　たとえば、「ソフトウェア・デファインド・ストレージ (SDS：Software
Defined Storage)」とは、ストレージのソフトウェアをハードウェアのコ
ンポーネントから分離してデータストレージを管理する方法を指す。これ
により物理的なハードウェアを追加することなく、必要なストレージ容量
を必要なタイミングで拡張できる他、必要に応じてハードウェアのアップ
グレードやダウングレードが可能になる。

　また、「ソフトウェア・デファインド・ネットワーク (SDN：Software
Defined Network)」は、物理的なネットワークとは異なる構造のネット
ワークをソフトウェア的につくり出すネットワークの制御技術を指す。ルー
ターやスイッチなど、ネットワークを構成する機器をソフトウェアで一括
制御することにより、仮想的なネットワーク構成をつくり出し、物理構成
に依存せずネットワーク構成を自由に変更できるようになる。

　このように、SDSやSDNは従来のハードウェアのような物理制約を受
けずに、より効率的な管理やリアルタイムでの拡張が可能になるという特
徴を持っている。

　近年の製品のソフトウェア化やネットワーク化の進展により、現在では
ソフトウェア・デファインドという言葉は「アプリケーション、ソフトウェ
ア、ハードウェアをそれぞれ分離する仕組み」という意味でも用いられる
ようになってきている。

　このソフトウェア・デファインド化のひとつして、東芝エレベータ株式
会社が進めているのが「Elevator as a Service (EaaS)」という取組みで
ある。従来のエレベーターはハードウェアとソフトウェアが不可分で、機
能を追加するには都度工事が必要だったが、EaaSでは制御盤をソフトウェ

ア・デファインド化することで、新たな機能を遠隔で追加できるようにした。これにより、クラウド経由で機能をアップデートでき、工事のためにエレベーターを都度停止させる必要もなくなる。さらにビルの情報と連携して、アナウンスの変更を行ったり、ビル内の人流データに基づいてエレベーターを制御したり、サービスロボット (清掃、配送、警備など) を呼び出して上下の階に送ったりすることも可能となる。

2.9.2　ソフトウェア・デファインド・ビークルとは

自動車業界では、米国EVメーカーのテスラが事故発生の実績を基に自動運転モードの機能強化を行い、それを反映したソフトウェアを遠隔で更新するなど、走れば走るほど機能が微調整され性能が向上するといった価値を顧客に提供している。

このようなソフトウェアが製品の進化をけん引する新しい概念の自動車、「ソフトウェア・デファインド・ビークル (SDV：Software Defined Vehicle)」が、自動車産業の新たな発展の方向を示すキーワードとしてクローズアップされてきている。

数年前から自動車産業においては、自動車の製造・販売を行う時代から、「モビリティサービス」を提供する時代への変化の潮流を象徴する言葉として、CASE(Connected(コネクティッド)、Autonomous(自動化)、Shared & Service(シェアリング)、Electric(電動化)) が取上げられてきた。

この潮流は、自動車を新しい姿へと変化させるに留まらず、自動車産業の構造をも大きく変えようとしている。

CASEを実現するためには、自動車がソフトウェア・デファインドの世界にシフトする必要がある。そして、ソフトウェア・デファインドへのシフトは、自動車のアーキテクチャーだけでなく産業構造や市場の競争原理にも大きな変化をもたらすことになる。

2.9.3　ソフトウェア・デファインドが注目され始めたきっかけ

ソフトウェア・デファインドが注目されるようになったきっかけのひとつは、GE(ゼネラル・エレクトリック)が2012年に「インダストリアル・

インターネット (Industrial Internet)」というコンセプトを打ち出したことにある。

　インダストリアル・インターネットとは、当時GEの主力製品であった航空機エンジンやタービンなどの産業用機器にセンサーを搭載し、インターネットに接続してさまざまなデータを収集し、それらをソフトウェアで解析して機器を効率よく活用するための取組みであった。たとえば、故障を事前に予知・予兆したり、運転や周辺環境に応じた設定変更を行うことなどにより稼働率を高め、さらにはより効率的な運用方法を顧客に提案することで、エネルギーの効率利用などを進めていくことをインダストリアル・インターネットは目指していた。

　また、同じハードウェアでも、ソフトウェアの制御比率を高めてソフトウェアの力を利用することで、顧客が製品を購入・稼働後に、その環境や用途に応じてソフトウェアを更新すれば新たな機能を付加したり性能を向上させたりできるようになることが可能となるとしていた。これはBtoC(Business to Consumer)の領域で言えば、米国のAppleのiPhoneなどのスマートフォンがすでに実現していた世界に近い発想であり、BtoCの領域の変革をBtoB(Business to Business)の領域にも波及させるための方策であると考えられる。

　ハードウェアによる制御はモノの物性に依存するが、ソフトウェアは論理世界上で自由に機能・仕様を変えられるという特性を持つ。

　このため、ソフトウェア・デファインドへのシフトにより機器の機能、動作、顧客経験などを短いサイクル・多頻度で組換え、新たな顧客価値を創出することができるようになる。このことは、モノづくりにとって大きな意味を持つ。

2.9.4　ソフトウェア・デファインドがモノづくりを変える理由

　従来、ソフトウェアはハードウェアを中心に構築されたモノの機能の一部を補完するために用いるもの、あるいはハードウェアの隙間を埋める役割を担うものとされてきた。しかし、ソフトウェア・デファインドへのシフトは、モノがハードウェア中心のシステムからクラウドなどと一体化し

たソフトウェア中心のシステムへ移行し、同時にモノが外部とつながることが当たり前になる世界をもたらす。つまり、ソフトウェア・デファインドへのシフトは、モノの在り方・価値を再定義するものであるとも言える。

　一方、ソフトウェア・デファインドへのシフトのためには、企画から製造までモノづくりの情報がデジタルで一気通貫につながる状態になっていくことが求められ、日本のモノづくりはこの点について課題を持っている。従来、日本の製造業においては製造現場が強く、設計で詳細につくり込まなくても現場で品質や製品価値が高まるようにうまくつくり込めるという強みを持っていた。一方で、欧米系の企業では製造現場での調整があまり得意ではないため、設計段階でのつくり込みやシミュレーションを重視してきた。

　製品自体がソフトウェア・デファインドへシフトしていくと、製造現場における匠の技術だけでは、製品の品質や価値をつくり込むことが難しくなっていく。さらに、製品が複雑化し、メカ設計だけではなく、エレクトロニクス、ソフトウェアの組合せ、顧客の利用シーンの想定までをも含めたモノづくりが必要になる中、これらを個々の部門でつくり込んでからすり合わせるのではなく、それぞれが連携する形で開発を行うことが求められていく。そのため、今後はサプライチェーンだけでなくエンジニアリングチェーンも含めた一貫したデジタル基盤の活用やモデルベース開発の取組みなどが必要になる。

　このようなモノづくりの変化に対応する上では、従来の日本のモノづくり現場の強みがもたらした設計と製造の分断が障害となるのではないだろうか。また、ソフトウェア・デファインドへのシフトにおいては、部門や企業を超えた連携が必要になると考えるが、日本の製造業ではこれらの取組みに消極的なところが多いと感じている。今後、カーボンニュートラルやサーキュラーエコノミーなどの取組みも含めた産業構造の転換が迫られる中で、日本においても、業界の垣根を超えた、ソフトウェアを活用したエコシステム型の取組みがますます求められるのではないだろうか。

2.10　東芝グループのモノづくりDXの取組み

　東芝グループでは、スマートファクトリー化に代表されるデジタル技術による既存のバリューチェーンの効率化の取組みをDE(デジタルエボリューション)と呼び、DXとは分けて定義している。既存事業をデジタル化しプロセスを変革するDEだけでは、ビジネスは拡大しない。デジタル化で合理化だけを進めると、従来の収益源が失われることもある。だからこそ次のステップにおいて、既存事業のバリューチェーンを広げ、新たなビジネス領域を見出すDXが必要になる。DXは、顧客やパートナー、場合によっては競合とともにエコシステムを形成し、顧客に新たな価値を提供するプラットフォームを通して、新たなビジネスモデルを創出する取組みとしている。

　東芝は、このDE、DXのステップを見据えて、モノづくり企業としてグループを挙げて生産拠点のスマートファクトリー化の取組みを推進している。

　東芝のスマートファクトリー実現の取組みは、
・拠点情報の共有化
・現場改善力の強化
・スマートファクトリー化
の3つのステップで進められている。

　スマートファクトリーの条件は、生産拠点のあらゆる情報がデジタル化され、それが拠点全体でつながり、商品企画から顧客サービス部門まで全員が見えるようになっていることである。各種情報をつなぎ、それを生かすことで、変化に強く、異常を迅速に捉え、そして人にやさしいモノづくりを実現することを、東芝グループは目指している。

　さらに、社会インフラ事業やエネルギー事業において培ってきた知見を活かし、設備・機器のオペレーション&メンテナンス(O&M)領域や、カーボンニュートラルに向けたエネルギーマネジメントに対象範囲を拡大し、顧客に価値を届ける新たなサービスであるスマートマニュファクチャリングへ発展させる取組みも進めている。

　また、このようなグループ内で培った知見を「Meister シリーズ」というソリューションに反映し、社内外に展開している。Meister シリーズのルーツは、モノづくりの支援にあり、モノづくり現場のIoTデータを収集する部分、モノづくりに関するデータを紐づけて格納するデジタルツイン、この格納したデータの見える化や分析を行うアプリケーション群で構成されている。この中核となるのが、「Meister DigitalTwin」というデジタルツインのソリューションである。IoTなどのデジタルデータをビジネスにつなげるためには、ファクトデータだけでなく、ERPなどのビジネスデータやPLMなどの設計データなども組合せる必要がある。そのために重要な役割を担うのが、デジタルツインとその中にデータを格納するためのデータモデルである。業種のドメイン知識を活かしたデータモデルを用いることで、現場から得られるファクトデータに既存のビジネスデータや設計データなどをデジタル空間で関連付けて時系列に蓄積する仕組みを短期間で実現することができる。このデジタルツインにより、現場状況の変化に気付き、過去の流れ・変化を追い、さらに分析ツールで詳細を調べるという一連のプロセスが可能となる。

　さらに、設備・機器のリモートメンテナンスや工場内のユーティリティ・アセット管理といったO&Mのソリューションも提供している。ここにアセット管理シェル(AAS)対応機能を搭載しており、さまざまな機器や設備間でのインターオペラビリティを実現できるようにしている。

　これに加え、近年の予測困難なビジネス環境の変化への対応が求められる中、東芝グループではサプライチェーンを横断した課題の解決に向けて、モノづくりに関わる企業同士がつながり情報発信・共有を促進するプラットフォームづくりを進めている。東芝グループでは、以前から「Meister SRM」という戦略調達ソリューションを多くの製造業のユーザーに提供し、サプライヤー情報などを一元管理・活用するコミュニケーション基盤により、サプライチェーンの強靭化、安定化を支える取組みを進めてきた。これに加え、昨今「Meister SRM」と連携するサプライチェーンプラットフォーム「Meister SRM ポータル」の提供を開始した。この中では、サプライチェーンを連携したCO_2排出量の可視化サービスや、災害時のサプライチェーンネットワークの被災状況を可視化し取引先への影響確認を効率

化する BCP サービスの他、金融・保険などの他業種とのビジネスマッチングといったモノづくりに関わる企業に価値を提供するさまざまな提携サービスを提供しており、固定化されたサプライチェーンを横断した企業同士をつなげ、業界を超えたエコシステムにもつながるようなプラットフォームに育てていくことを考えている。

第**3**章

EU/ドイツに学ぶ
最新デジタル戦略

本章では世界的にサステナビリティ、レジリエンスなどに注目が集まる中、EU/ドイツの取組はどのように変化してきているのかについて解説する。また、EU/ドイツが進めている戦略面の動き、データ連携基盤構築イニシアティブの動き、人材教育・人材育成の取組みなどについて紹介する。

3.1　社会や産業に求められる変化

3.1.1　サステナビリティへの移行の動き

　化石燃料からカーボンニュートラル(CN)へ、リニアエコノミーからサーキュラーエコノミー(CE)へ、集中型から分散×ネットワーク型(DX)へと不可逆的な移行がいま、進んできている。

図3.1　社会や産業に求められる変化

　我々は第1次産業革命以降、化石燃料や地球資源に依存し、大量生産・大量消費・大量廃棄というリニア型(一方通行型)の産業・社会システムの枠組みの中で経済活動を営んできた。

　しかし、地球温暖化や、資源の大量廃棄、環境汚染などの問題が深刻化し、これがこのまま続くと地球がもたなくなる可能性がさらに高まっていく。こういった中、地球環境問題という全地球的な社会課題に取組むことを命題に、CO_2などの温室効果ガスの排出を全体としてゼロにするカーボンニュートラルや、資源を循環させるサーキュラーエコノミーへの転換の動きが、グローバル規模で急速に広がっている。

　再生可能エネルギーは広く遍在する資源で、これらをもう一度利用するような取組みも必要になる。

これまで 　**垂直統合型・集中型**

化石燃料・地球資源に依存した
リニアエコノミー型の社会・産業の枠組み

これから 　**分散×ネットワーク型**

再生可能エネルギー、モノ循環による
サーキュラーエコノミー型の社会・産業の枠組みへ

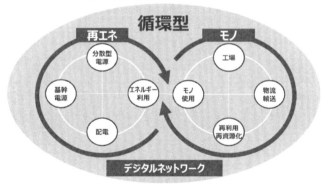

図3.2　様変わりする社会・産業の基盤・枠組み
（提供　株式会社東芝）

3.1.2　不可逆的に進む産業の枠組み変化

　このように、資源はあらゆる場所にあるという立場に立つと、さまざまな場所に存在する設備や資源をうまくつなぎ合わせる必要が出てくる。リユース(再利用)やマッチングなどが進み、産業の枠組みも従来の垂直統合型・集中型から網目状につながる分散×ネットワーク型に移行していくことが考えられ、こうした動きは不可逆的に進んでいくと見られる。これを実現する手段は、デジタルやネットワークを用いたDXである。

　従来の、新しいモノをたくさんつくり、消費することが美徳だった経済・価値観から、リファービッシュ(不良品や中古品の整備)、リノベーション(用途や機能の変更による質や価値の向上)、アップグレード、アップデートなどを行うことで、長く使えるようにする取組み、上手に使う取組み、次の人も使えるようにする取組み、あるいは使える部分だけ残して整備・修理して再生する取組みなどが必然となるような経済・価値観への移行が進んでいく。あるいは、ライフステージや使用環境に合わせてモノを進化させたり、モノの使い方を変えられるようにしておくことによって、できるだけ長持ちさせる方向に変わっていく。

　また、使用後もリサイクル(排出された資源の再回収・利用)を進めることで、資源の消費を削減する方向に変わっていく。

　そうすると設計の在り方なども必然的に変わっていかざるを得なくなる。

3.2　地政学的なブロック化の影響

　インダストリー4.0のコンセプトは、製造技術とノウハウをデジタル化することで、製造オペレーションを効率化して付加価値の高い製品をつくるところから始まった。しかし、その後の12年間でインダストリー4.0を取巻く環境は大きく変化した。

　この変化は、大きく2つの軸で捉えるべきだろう。1つはインダストリー4.0によるデジタル化の推進、もう1つはエネルギー問題である。デジタル化の推進という軸では、ドイツ政府、企業、学術界などが全体戦略として

進めていくという大きな方針があった。

　ただ、数年前に新型コロナウイルスによるパンデミックがあり、世界中が大ダメージを被り、製造業も厳しい冬の時代を迎えた。この12年間で多くの事象で濃淡があり、すべてがEUやドイツの狙い通りになっているとは思えないが、デジタルの重要性の認識やデジタル空間の力を現実世界で活用するデジタルツインの取組みについては、EU/ドイツの製造業などでも着実に進んでいる。また、その流れも揺らいでいないように見える。EU/ドイツは、アフターコロナの時代に向け、これからアクセルを一気に踏み込んでいくための準備をしようとしているようにも見える。

　一方で、世界全体を見ると、米中の分断によって地政学的なブロック化が進んでいる。米中の分断の背景にはいくつかの原因が考えられるが、そのひとつに、ここ数年でAIなどのデジタル技術の領域や半導体などの領域において中国の技術力が急速に高まってきたことが挙げられる。中国は、中国製造2025を目標に掲げて猛進してきた。そのアプローチが、たとえ欧米の後追いであったとしても、大幅なステップアップを遂げている。人材も徹底的に育成した結果、米国をおびやかすほどに一気にレベルが上がっている。中国のGDP(国内総生産)は2010年に世界第2位となり、2018年のGDPが1952年と比べて175倍に達したことも発表されている。そこで米国も危機感を募らせて、さまざまな対抗策を講じるようになった。

　そのような米中分断の狭間でいま、EUにも日本にも難しい舵取りが求められている。

　また、Brexitによって、英国はEUを離脱してしまった。EUの各種プロジェクトも英国抜きで動いている。欧州でも分断が起き、英国政府や学術界も完全に切離されてしまった。現在、EUの予算で欧州データ基盤プロジェクト「GAIA-X」を推進しているが、その地図には英国が入っていない。英国はEUと完全に分断されたと言える。

3.3　ウクライナ問題による欧州エネルギー危機

　ロシアのウクライナ侵略の影響を受け、EUではエネルギー危機が叫ばれている。

　2022年2月に始まったロシアによるウクライナ侵略を契機に、世界のエネルギーを取巻く情勢は混迷を深めるとともに大きく変化した。

　エネルギー価格は2021年から上昇傾向にあったが、2022年にはさらに高騰し、世界各地の天然ガス市場では過去最高値を記録した。こうした地政学的リスクを起因とする世界のエネルギー情勢の変化は、短期的なエネルギーの需給ひっ迫や価格高騰を引き起こしただけでなく、中長期的にもエネルギー市場への影響をおよぼすことが予想されている。

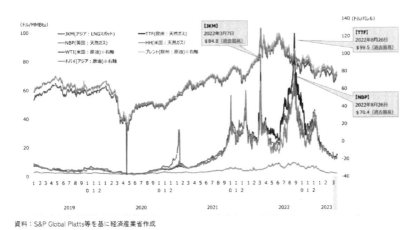

資料：S&P Global Platts等を基に経済産業省作成

図3.3　エネルギー市場価格の推移
(出典　資源エネルギー庁：「2023年版エネルギー白書」，第121-1-1
https://www.enecho.meti.go.jp/about/whitepaper/2023/pdf/)

　ロシアによるウクライナ侵略を受け、EUやG7をはじめとする欧米諸国を中心にロシアに対する大規模な経済制裁が行われることとなった。その中で、エネルギー分野においてもロシア産エネルギーからの脱却へと舵が切られ、世界のエネルギーの需給構造を大きく変化させる一因となった。

国名	一次エネルギー自給率 (2021年)	ロシアへの依存度 (輸入量に占めるロシアの割合) (2020年) ※日本の数値は財務省貿易統計2021年原数値		
		石油	天然ガス	石炭
日本	13% (石油:0% ガス:2% 石炭0%)	4% (シェア5位)	9% (シェア5位)	11% (シェア3位)
イタリア	23% (石油:12% ガス:4% 石炭:0%)	11% (シェア4位)	31% (シェア1位)	56% (シェア1位)
ドイツ	35% (石油:3% ガス:5% 石炭:51%)	34% (シェア1位)	43% (シェア1位)	48% (シェア1位)
フランス	54% (石油:1% ガス:0% 石炭:0%)	0%	27% (シェア2位)	29% (シェア2位)
英国	61% (石油:75% ガス:43% 石炭:12%)	11% (シェア3位)	5% (シェア1位)	36% (シェア1位)
米国	104% (石油:96% ガス:113% 石炭:110%)	1%	0%	0%
カナダ	186% (石油:288% ガス:138% 石炭:235%)	0%	0%	0%

資料：World Energy Balances 2022（自給率）、BP統計、EIA、Oil Information、Cedigaz統計、Coal Information（依存度）、貿易統計（日本）を基に経済産業省作成

図3.4　ロシアによるウクライナ侵略前のG7各国の一次エネルギー自給率とロシアへの依存度
(出典　資源エネルギー庁：「2023年版エネルギー白書」, 第121-1-3
https://www.enecho.meti.go.jp/about/whitepaper/2023/pdf/)

　各国のエネルギー情勢に与えた影響は、それぞれの国の一次エネルギー自給率や石油・天然ガス・石炭のロシアへの依存度によって大きく異なる。G7各国の一次エネルギー自給率や各エネルギーのロシア依存度を見ると、EU諸国はロシアと地続きであることもあり、ロシアへの依存度が高くなっていたことがわかる。ドイツやイタリアはパイプラインを用いてロシアから天然ガスを輸入していたこともあり、天然ガスのロシア依存度がそれぞれ43％、31％と高くなっていた。その他のエネルギーに関しても、EU諸国のロシアへの依存割合は高く、ロシアに対する経済制裁によってロシア産エネルギーから脱却していくにあたって、代替エネルギーの確保が迫られることとなった。

　ウクライナ侵略の発生後2週間以内に、米国ではすべてのロシア産エネルギーの輸入禁止の方針が示され、英国でもロシア産原油の段階的な輸入禁止の方針が示された。EUでは、2022年3月にロシア産エネルギーからの脱却の方針を示した「REPowerEU-Plan(REPowerEU計画)」が発表された。

　その後、侵略の長期化に伴いG7は、「ロシア産石油の輸入のフェーズアウトまたは禁止などを通じて、ロシア産エネルギーへの依存状態をフェーズアウトすることをコミットする」ことに合意している。

EUでは、ロシアからパイプラインで輸入していた天然ガスの代替エネルギーとして、特にLNGへの需要が急激に高まり、世界中のLNGの市場価格が急騰した。

その結果、これまでも主要なエネルギー源としてLNGを輸入していたアジア諸国などロシアへのエネルギー依存度がそれほど高くなかった国でも、LNGの需給ひっ迫やエネルギー価格高騰などの影響を受けることとなった。

資料：各国政府資料等を基に経済産業省作成

図3.5　ロシア産エネルギーを巡る動向
(出典　資源エネルギー庁：「2023年版エネルギー白書」, 第121-1-4
https://www.enecho.meti.go.jp/about/whitepaper/2023/pdf/)

ドイツでは天然ガスの輸入物価が一時10倍近くまで急騰した。日本でも約2倍に上昇し、この結果、電気料金などが高騰し、オイルショック以来のエネルギー危機が危惧される緊迫した事態に直面した。

LNGを輸入している世界各国では、LNGの安定的な確保に向けて政府が積極的に関与している。

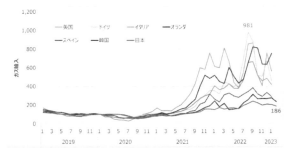

図3.6 天然ガスの輸入物価の推移(2020年1月の数値を基準(100)としている)
(出典 資源エネルギー庁:「2023年版エネルギー白書」, 第121-2-2
https://www.enecho.meti.go.jp/about/whitepaper/2023/pdf/)

　このロシアのウクライナ侵略によるエネルギー危機の話を抜きにして、現在のEUのリアルな姿は伝わらない。まず、カーボンニュートラルの議論で言うと、政策的なお金の流れを見る必要がある。EUの予算はアフターコロナの産業界の復興に使われるが、それはインフラだけをつくるということではない。EUはカーボンニュートラルを本当に克服しなければならない現実問題として捉え、世界を変えなければいけないと真剣に考えて取組みを始めている。EV化の推進に伴うリチウムイオンバッテリー工場建設などは着実に進んでいる。また、再生可能エネルギー網の整備やVPP(バーチャルパワープラント:仮想発電所)の活用推進など、さまざまな取組みを通じてカーボンニュートラルを成し遂げようとしている。

　カーボンニュートラルが実現すれば雇用も生まれ、技術革新もリードでき、EU規格がグローバルスタンダードになる可能性が高まることになる。

　ところが、ロシアがウクライナに侵略してきたことにより、EUはエネルギーの首根っこを押さえられた。ウクライナ侵略が始まったことで産業で使うエネルギーが高騰し、エネルギー危機に陥いることとなった。中堅中小企業 (SME:Small and Medium Enterprises) にとっては死活問題であり、エネルギーが使えなくなれば工場を停止せざるを得なくなるような可能性すら生じることとなる。そこまでEUは追詰められてしまったのである。

　カーボンニュートラルを実現する前に、このような理由で頓挫してしまっ

ては本末転倒である。エネルギー危機を解決しようとしても、太陽光や風力などの自然エネルギーだけでは必要な電力をすべて賄うことはできないので、デジタル技術を活用して省エネルギー化を進めようとしている。つまり、現在のEU/ドイツの取組みは「インダストリー4.0のサステナビリティ・バージョン」とも言える。

　デジタル化されたデータを使い、エネルギーを最適化するという議論においては、無駄なエネルギーを減らす取組みも必要になる。それをいまのデジタル技術を使って進めているのが、最近のEU/ドイツなどのデジタル産業界の動きであると考えられる。

　いずれにしても、EU/ドイツはカーボンニュートラルや再生可能エネルギーの旗は下ろさないだろう。自分たちがエネルギー問題を乗り越えなければ、未来はないと考えているからである。ただし、ロシアによるウクライナ侵略に起因するエネルギー危機があるため短期的には、デジタル技術で何とか切抜けようというのがその本音なのではないだろうか。

3.4　再生可能エネルギー化を支える技術

　再生可能エネルギーの利用促進を支えるデジタル技術活用の取組みとして、いま注目を集めているもののひとつがVPPである。近年、日本でも太陽光発電などの発電設備がオフィスや住宅に設置されるとともに、EVやバッテリー、ヒートポンプなども普及が進みつつあり、エネルギーを蓄える仕組みが各所に点在し始めている。VPPは、これらの地域に散在する複数の発電・蓄電などの設備をデジタル空間上で束ね、電力消費状況、発電量、蓄電池の稼働状況などのデータを基に設備を制御することで、電力網の需給バランスを調整し安定的な電力供給を実現する仕組みである。

　日本でも、東日本大震災以降、大規模な発電所に依存していた従来型のエネルギー供給システムが見直され、再生可能エネルギーの普及が進んできた。しかし再生可能エネルギーは天候によって発電量が大きく左右されるため、普及が進むにつれエネルギー供給が不安定になることが避けられな

い。発電量の変化を吸収する調整力を持つVPPは、再生可能エネルギーの供給過剰分の吸収、電力不足時の供給などに貢献できると期待されている。

現在、東芝グループでは再エネアグリゲーションサービス(株式会社東芝がアグリゲーター(電力を使用する需要家と電力会社の間に立って、電力の需要と供給のバランスコントロールや、各需要家のエネルギーリソースの最大限の活用に取組む事業者)として、再生可能エネルギーの買取・販売を行うサービスであり、インバランスリスクの負担や収益最大化に向けた最適化の支援を行い、事業への投資や再生可能エネルギー調達をサポートするもの)などのVPPを支えるさまざまなサービス提供や、自らの技術力や業界知見を活かし、カーボンニュートラルの実現に向けた計画立案から温室効果ガス排出の削減施策の実行までを顧客と併走しながら包括的にサポートするGX(グリーントランスフォーメーション) コンサルティングサービスなどを提供している。

また、ドイツの産業用接続機器、オートメーション機器、インターフェースシステム、サージ保護機器(雷などの要因により引起される異常高電圧、異常高電流などから電気機器を保護するための機器)などのトップメーカーであるPHOENIX CONTACTは、コンセプトとして「Empowering the All Electric Society」を掲げ、その実現の一環として、モビリティのEV化が進む中で求められる急速充電ステーションの開発などにも取組んでいる。こういった新規の取組みにおいても、得意とするコネクタやエレクトロニクスの技術などが貢献できるとしており、これらを組合せて対応するとしている。また、主要技術であるPower-to-X(電力を何らかのエネルギーに変換し、貯蔵・利用する技術)を用いることで、風力発電や太陽光発電などによる再生可能エネルギーを大量に供給でき、それらを流通させ、貯蔵し、オンデマンドで利用できるようになるとしている。

サステナブルな社会の実現においては、自社の既存の経験や強みを抽象化し、広く捉えることも必要なのではないだろうか。

3.5　インダストリー4.0の現在値

こういったさまざまな背景を受け、EUでも昨今はカーボンニュートラルやサーキュラーエコノミーといったサステナブルな取組み、新型コロナウイルスの蔓延、米中の分断やロシアのウクライナ侵略といった地政学的なリスクに対応するためのレジリエンスなサプライチェーンの実現に向けた取組みなどが注目を集めている。

そういった中、ドイツは

・オートノミー
・インターオペラビリティ
・サステナビリティ

をキーコンセプトとした、インダストリー4.0の新たなビジョンである「2030 Vision for Industrie 4.0」を2019年に発表した。

また、製造業においてサステナビリティを具現化するための道筋(パス)やビジネスユースケースなどを紹介した「Sustainable production(Sustainable production：actively shaping the ecological transformation with Industrie 4.0)」を2021年に発行した。

一方、EUの欧州委員会は、

・ヒューマンセントリック
・サステナビリティ
・レジリエンス

をキーコンセプトとした「インダストリー5.0(Industry 5.0)」を2021年に発表した。

このインダストリー5.0の発表により、産業革命は第4次から第5次に移ったのではないかと言う方がいるが、インダストリー5.0を発表したのがドイツではなくEUであることや、インダストリー5.0と2030 Vision for Industrie 4.0の類似性を考えると、まだ第4次産業革命の中に我々はいると考えるのが現実的であると考える。

実際、本音の部分では、インダストリー4.0と5.0は本質的には大きく異なるものではないだろう。ドイツ以外のEU諸国としては、ドイツのイン

ダストリー4.0をそのまま受け入れるのではなく、足りない部分を補完する形でさらにレベルアップすることがEUの予算を使う大義名分になると考えているのではないだろうか。

　ここで理解しなければいけないのは、インダストリー4.0も5.0も目指す姿は類似しているということである。ドイツから見てもインダストリー4.0の中に、5.0の項目が十分に含まれていると捉えているのではないだろうか。

　確かに、インダストリー4.0においてもエネルギーをはじめとする資源供給に関わる問題などに言及されている。ドイツは製造業が強いので最初はそこが中心になるが、この中にはエネルギーや、ロジスティクスなども含まれる。デジタルツインやIoT、AIなどの技術活用に向けたソリューション提供などの領域も市場として捉えて良いだろう。いまは製造業にフォーカスがあたっているが、その先にはさらに大きな市場がある。

　一方、インダストリー5.0のレポートでは、日本のSociety 5.0が関連する先行コンセプトとして触れられている。Society 5.0は、狩猟社会(Society 1.0)、農耕社会(Society 2.0)、工業社会(Society 3.0)、情報社会(Society 4.0)に続く、新たな社会を指すもので、フィジカル(現実世界)とサイバー(デジタル空間)を高度に融合させたシステム(CPS)により、経済発展と社会的課題の解決を両立する、ヒューマンセントリックな社会を目指したものである。EUはインダストリー5.0のヒューマンセントリックの議論を進める中で、日本のSociety 5.0との類似性に気付いたのではないだろうか。インダストリー4.0や5.0の進展により、AIやデジタルツインが進化し、ロボット化などが進めば、業務の効率化が進むことになる。

　これがさらに進むと、いまほど働かなくてもハイレベルな製品をマス・カスタマイゼーションで製造できるようになり、製造プロセスも製造される製品もサステナブルなモノになっていく。日本においては、それをデジタル技術を活用して進める取組みがSociety 5.0であり、インダストリー4.0の次の姿なのである。日本企業はこの分野のノウハウを活かして、EU/ドイツをベンチマークしつつ、グローバルを目指しながらしたたかに推進していくべきではないだろうか。

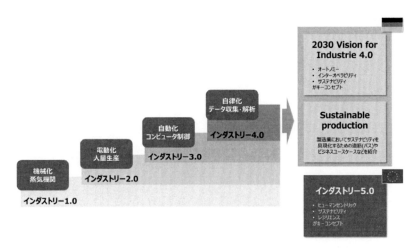

図3.7　インダストリー4.0の現在値

　日本では、ロボット革命・産業IoTイニシアティブ協議会(RRI)が2016年にドイツのインダストリー4.0の推進団体であるPlattform Industrie 4.0と、IoT、DX、インダストリー4.0などの分野で協力を行うことに合意しており、以降、Plattform Industrie 4.0やGAIA-X、Catena-Xなどのイニシアティブと共同で、さまざまな形態で情報発信や情報交換を行っている。日本企業はこういった情報も活用しながら、EU/ドイツをベンチマークしつつ、グローバルを目指しながらしたたかに推進していくべきではないだろうか。

3.6　投資判断における重視事項の変化

　こういった中で、金融機関や投資家が投融資を行う際の評価軸も変化しつつある。従来、金融機関や投資家が企業に対して投融資を行う際には、収益性や回収可能性などの財務情報が重視されていた。つまり、財務状況が企業価値の測定基準であった。一方、近年は財務状況だけではなく企業の気候変動・脱炭素化への対応が重視され始めており、その中でESGという言葉が使われるようになり、経営の中核で環境や社会課題に取組むこと

が求められてきている。

ESGというのは、CSR(Corporate Social Responsibility ：企業の社会的責任) やSRI(Socially Responsible Investment：社会的責任投資) とは異なり長期的な利益と価値創造のために行うもので、単にコスト削減などの取組みだけでは評価されるものではない。求められるのは透明性であり、一気通貫にマネジメントができているかが課題となる。

その際、投資家の判断材料として活用されているのが、ESGスコアと呼ばれる指標である。ESGスコアとは、第三者評価機関が対象となる企業のESGにおけるパフォーマンスやリスクを測定・算出した指標である。このESGスコアがあることで、投資家は企業のESGの取組みを相対比較することが可能になる。

**財務状況が企業
価値の測定基準**

金融機関や投資家が企業に対して
投融資を行う際には、収益性や
回収可能性などの財務情報を重視

ESGも重視

財務状況だけではなく、企業の気候
変動・脱炭素化への対応なども重視

※ ESG(E：環境、S：社会、G：ガバナンス)

図3.8　投資判断における重視事項の変化

第三者であるESG評価機関は、企業の公開情報(IRをはじめとしたウェブサイト掲載情報など)や、企業へのアンケートなどを通じて対象企業のESGの取組みに関する情報を収集・整理し、最終的に各ESG評価機関が独自に構築したスコアリングモデルに従って評価を行う。投資家は、評価機関の算出したESG評価を参考に投資の判断を行う。

なぜ、投資家はこうした評価機関が算出したESGスコアを活用するだろうか。そもそも、ESG情報は財務情報とは異なり数値に表せない非定型的な情報が多く、企業からすれば開示するための媒体も統一されていない。

そのため、投資家が企業のESG情報を知るためには、直接投資先の企業にアンケートするか、公開情報を集めて分析する方法しかない。このように、企業のESGの取組みを評価するのは非常に労力のかかる作業になる。そのため、投資家はESG情報の集計・分析を外部専門機関であるESG評価機関に委託し、ESGスコア情報などを購入して活用しているのである。

　ESGに関して、企業が開示すべき情報や、それを評価する基準について、企業や投資家の間に統一された明確な指針や基準がないことが課題と言われる。実際に、ESG評価機関によってESG情報の収集項目や重視項目が異なっており、同じ企業でもESG評価機関ごとに評価が大きく分かれることもある。こうした状況に対応すべく、複数の機関がさまざまなESG情報の開示基準を設定している。しかし、開示基準が複数存在し、評価機関が乱立していることが、企業にとっては対応の混乱につながったり、複数基準に対応するためにコスト負担が大きくなっているとも言われている。また、投資家にとっても、異なる基準を跨いで企業を比較することが難しいなどの課題がある。これに対し、欧米の証券規制当局は、客観的な評価基準の設定に向けて対策を行うことを表明している。

　ESGは、2006年4月に国連事務総長コフィー・アナン氏(当時)が、各国金融業界に向けてESGを投資プロセスに組入れるよう働きかける「国連責任投資原則(PRI：Principles for Responsible Investment)」を提唱したことで広く認知されるようになった。日本では2014年2月に金融庁「日本版スチュワードシップ・コードに関する有識者検討会」が「責任ある機関投資家」の諸原則として日本版スチュワードシップ・コードを策定した。機関投資家が企業の状況を的確に把握する内容として、「投資先企業のガバナンス、企業戦略、業績、資本構造、リスクへの対応など」と記述されたことが契機となり、注目を集めるようになった。

　昨今は、海外の公的年金基金などの機関投資家によるESG投資が急速に拡大している。日本においても、世界最大の年金基金であるGPIF(年金積立金管理運用独立行政法人)が2015年9月にPRIの署名機関となり、ESG投資を積極的に推進している。

　コーポレートガバナンス・コード(上場企業が行うコーポレートガバナンスにおいてガイドラインとして参照すべき原則・指針を示したもの)につい

ても、日本では2015年に策定され、2018年に1回目の改定がなされた後、新型コロナウイルスによるパンデミックを契機に企業がガバナンスの諸問題にスピード感を持って対応できるようにするため、2021年に2回目の改訂が行われた。この原則・指針によって、企業が透明性を保ち、適切に企業統治に取組んでいるかどうか外部からでも明確にわかるようになる。金融庁は本コードにおいて、「コーポレートガバナンスとは、会社が、株主をはじめ顧客・従業員・地域社会等の立場を踏まえた上で、透明・公正かつ迅速・果断な意思決定を行うための仕組みを意味する」としている。

3.7　インダストリー4.0の4つの設計原則

　カーボンニュートラルに向けては、省エネルギー化や化石燃料の使用を抑制して再生可能エネルギーの利用を拡大することが求められるが、エネルギー資源が広く遍在するため、安定供給やコスト抑制の他、エネルギーを再利用する取組みも必要になる。

　また、ライフステージや使用環境に合わせて製品を進化させたり、使い方を変えられるようにし、製品をできるだけ長持ちさせられるようにすることも求められる。そうなると、必然的にモノづくりの在り方も変わらざるを得なくなり、サステナブルな製品設計・サービス設計が求められるようになる。

　カーボンニュートラルやサーキュラーエコノミーに向けたサステナブルなモノづくりといった、これまでに前例のない課題解決に取組むにあたっては、デザイン思考が重要になる。たとえば、「壊すとき」のことを考えたモノづくりや保守・修理や部品交換、アップデートなどによる「製品寿命の延長」を見据えた設計など、これまでの製品設計の概念を超えた考え方が必要となる。

　ここで、改めて参考にすべきものとしてインダストリー4.0の4つの設計原則を見てみたい。

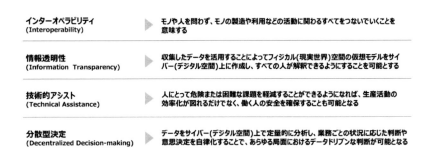

図3.9　インダストリー4.0の4つの設計原則

　1つめは、インターオペラビリティ(Interoperability)である。これはモノや人を問わず、モノの製造や利用などの活動に関わるすべてをつないでいくことを意味する。たとえば、製造においては工場の中の機械同士の連携だけでなく、人のサポートとしてのロボット活用や、遠隔地の従業員同士の共同作業を実現するために情報をやり取りすることなどがその対象となる。

　2つめは、情報透明性(Information Transparency)である。せっかく集めたデータも活用されなくては、その資産価値が失われてしまう。収集したデータを活用することによって、フィジカル(現実世界)の仮想モデルをサイバー(デジタル空間)上に作成し、すべての人が解釈できるようにすることを可能とすることがそのポイントとなる。

　3つめは、技術的アシスト(Technical Assistance)である。人にとって危険または困難な課題を軽減することができるようになれば、生産活動の効率化が図れるだけでなく、働く人の安全を確保することもできる。重労働、危険労働となっている作業を機械やロボットなどのデジタル技術に任せることができれば、1人あたりの生産性を格段に向上させることが可能となる。

　4つめは、分散型決定(Decentralized Decision-making)である。いま起きている状況をリアルタイムで反映しながら、自律的に意思決定していくことがその目的である。データをサイバー(デジタル空間)上で定量的に

分析し、業務ごとの状況に応じた判断や意思決定を自律化することで、あらゆる局面におけるデータドリブンな判断が可能となる。

インダストリー4.0の設計原則に書かれていることを改めて見ると、人の働き方や産業構造の変革まで視野に入れた内容になっており、その本質はさまざまな社会課題の解決を目指しているものであることがわかる。EU/ドイツを中心に、地球温暖化という社会課題に対してインダストリー4.0で取組もうという動きが加速しつつあることで、その本来の価値が徐々に明らかになってきていると言える。カーボンニュートラルやサーキュラーエコノミーといった地球規模での社会課題に向けて、このインダストリー4.0の取組みのスコープが明確化し、モノづくりの構造転換がさらに進んでいくと思われる。

3.8　サステナブルなモノづくりに必要なこと

サステナブルなモノづくりに変革していくために重要なことのひとつは、顧客の使い方をデジタルに捉える仕組みを構築することとそれに応じた製品・サービスの設計を行うことである。

顧客の使い方を捉える仕組みづくりのための方策としては、売切り型から継続課金型へのビジネスモデル変更(サブスクリプション、シェアリング、リカーリングなど)、顧客とデジタルでつながる仕組みづくりなどが考えられる。それを実現するには、製品の使用状況のデジタルデータを収集して一元的に把握し、解析、フィードバックする仕組みが不可欠となる。

そして、顧客の使用状況に応じて保守・修理や部品交換やアップデートが容易に行え、製品寿命を延ばせる使い方を促せる製品設計にするなど製品とサービスを合わせたシステム全体の設計を行うことが重要になる。

3.9　EUのカーボンニュートラル領域の政策

　ここでは、EUにおけるカーボンニュートラル (CN) に関する政策である、「欧州グリーンディール」「EU域内排出量取引制度 (EU-ETS)」「炭素国境調整メカニズム (CBAM)」について解説する。

3.9.1　温室効果ガス (GHG) プロトコル

　政策の解説の前に、温室効果ガス（GHG：Greenhouse Gas）の排出量を算定・報告する際の国際的な基準である温室効果ガス (GHG) プロトコルを紹介したい。

　GHGプロトコルは、オープンで包括的なプロセスを通じて、国際的に認められた温室効果ガス排出量の算定と報告を行うための基準として、その利用の促進を図ることを目的に策定された。2011年10月に公表され、現在、温室効果ガス排出量の算定と報告の世界共通基準となっている。

　GHGプロトコルの特徴は、ひとつの企業から排出された温室効果ガス排出量 (直接排出) だけではなくサプライチェーン全体における排出量 (間接排出) も重視している点にある。そのため、上流から下流までバリューチェーン全体の温室効果ガス排出量を対象とする算定・報告基準が設定されている。

　具体的には、排出される温室効果ガスが、排出のされ方や排出者などによって「スコープ1(直接排出量)」「スコープ2(間接排出量)」「スコープ3(その他の排出量)」の3つの合計を「サプライチェーン排出量」と考える方法をとる。この算定・報告基準は、「スコープ3基準」と呼ばれている。

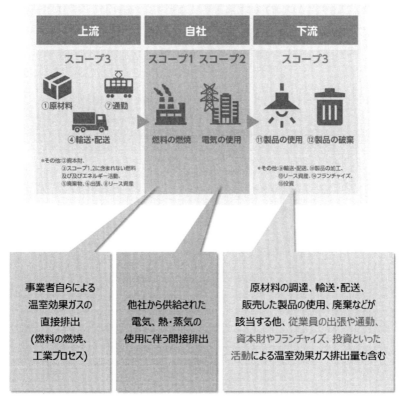

図3.10 GHGプロトコルにおけるスコープの考え方
(出典 環境省：「サプライチェーン排出量とは?」を基に作成)

　スコープ1は自社の所有設備や事業活動で直接的に排出される温室効果ガスを指しており、排出例としては工業炉、発電機、製造装置や社内の焼却炉から排出される温室効果ガスなどが該当する。

　スコープ2は自社の所有設備や事業活動で使用するエネルギーの供給において間接的に排出される温室効果ガスを指している。社外から購入するエネルギーなどが該当するが、当然ながら100％再生可能エネルギー由来で温室効果ガスを排出していないエネルギーは対象外となる。また、自家消費型太陽光発電など自社で発電した再生可能エネルギー由来の電気なども含まれない。

　スコープ3は自社の事業活動に関連する事業者や製品の使用者が間接的に排出する温室効果ガスを指しており、該当する活動が15のカテゴリに分類されている。

1	購入した製品・サービス	原材料の調達、パッケージングの外部委託、消耗品の調達
2	資本財	生産設備の増設（複数年に渡り建設・製造されている場合には、建設・製造が終了した最終年に計上）
3	スコープ1,2に含まれない燃料およびエネルギー関連活動	調達している燃料の上流工程（採掘、精製等）調達している電力の上流工程（発電に使用する燃料の採掘、精製等）
4	輸送／配送（上流）	調達物流、横持物流、出荷物流（自社が荷主）
5	事業活動から出る廃棄物	廃棄物（有価のものは除く）の自社以外での輸送、処理
6	出張	従業員の出張
7	雇用者の通勤	従業員の通勤
8	リース資産（上流）	自社が貸借しているリース資産の稼働（算定・報告・公表制度では、スコープ1,2に計上するため、該当なしが大半）
9	輸送／配送（下流）	出荷輸送（自社が荷主の輸送以降）、倉庫での補完、小売店での販売
10	販売した製品の加工	事業者による中間製品の加工
11	販売した製品の使用	使用者による製品の使用
12	販売した製品の廃棄	使用者による製品の廃棄時の輸送、処理
13	リース資産（下流）	自社が賃貸事業者として所有し、他社に賃貸しているリース資産の稼働
14	フランチャイズ	自社が主宰するフランチャイズの加盟者のスコープ1,2に該当する活動
15	投資	株式投資、債権投資、プロジェクトファイナンスなどの運用
	その他（任意）	従業員や消費者の日常生活

図3.11　スコープ3の15カテゴリと分類例
(出典　環境省：「サプライチェーン排出量とは?」を基に作成)

　スコープ3には、原材料の調達、輸送・配送、販売した製品の使用、廃棄などが該当する他、従業員の出張や通勤、資本財やフランチャイズ、投資といった活動による温室効果ガス排出量も含まれる。

　近年、カーボンニュートラルに向けた世界的な取組みが急速に広がる中で、サプライチェーンで発生する温室効果ガスの排出量管理としてスコープ3までを把握・管理し、対外的に開示する動きが世界的に強まっている。

　それによりたとえば、自動車部品メーカーは自動車メーカーに納めた部品が納品先でどのように使われるのかについても把握する必要があり、自動車メーカーはサプライヤーである自動車部品メーカーから納入した部品の製造過程での温室効果ガスの排出量も把握・管理する必要がある。また、製品の輸送、廃棄や、ホワイトカラーの出張に伴う温室効果ガス排出なども把握・管理しなければならない。つまり、サプライチェーンに紐づくすべての関係者は、取引先の排出量を気にしなければならないことになる。

こうした中、自社が排出する温室効果ガスの削減や自社で使用するエネルギーに係る温室効果ガスの削減だけではなくサプライチェーン全体での脱炭素化を図る企業も増加している。たとえば、Appleは、2030年までにサプライチェーン全体でカーボンニュートラルを実現することを目標に掲げ、サプライヤーに対して省エネルギー化や再生可能エネルギーの利用を求めている。このように、サプライチェーンの脱炭素化を目指す企業との取引関係を継続するためには、日本企業も脱炭素化を進めなければならないといった状況が今後増えていくことが想定される。

海外	Apple	2030年までにサプライチェーン全体でカーボンニュートラル実現
	Microsoft	自社は2030年にゼロ。調達先には削減計画の提出を求める。
国内	積水ハウス	2050年までにサプライチェーン全体でカーボンニュートラル実現
	NTTデータ	2030年までに自社は2016年比60%減を目標。サプライヤーには55%減を求める。
	ナブテスコ	2050年度までに自社は2015年度比80%減を目標。サプライヤーには2025年までに自主削減目標設定を求める。

図3.12　脱炭素化をサプライヤーに求めている企業の例
(各社プレスリリース等から経済産業省作成)
(出典　資源エネルギー庁：「2021年版エネルギー白書」，第121-1-7
https://www.enecho.meti.go.jp/about/whitepaper/2021/pdf/)

3.9.2　カーボンフットプリント

ここでカーボンニュートラルを語る上で重要な概念である「カーボンフットプリント (CFP：Carbon Footprint of Products)」についても解説しておきたい。

すべての商品やサービスは、つくられてから廃棄されるまでの間のライフサイクルを通じて、多くのエネルギーを消費し、多くの温室効果ガスを

排出する。そういった中で現在注目を集めているのが、カーボンフットプリントである。

　カーボンフットプリントは、商品やサービスにおいて、原材料となる資源の採掘、製造、輸送から使用後の処理やリサイクルに至るまでのライフサイクル全体(LCA：Life Cycle Assessment)を通して排出される温室効果ガスの排出量をCO_2に換算して、商品やサービスにわかりやすく表示する仕組みである。

　カーボンフットプリントの活用により、企業に対しては、サプライチェーン全体における温室ガス排出量の定量的な把握による、企業を超えた一体的な削減対策の実践が期待されている。また、消費者に対しては、自身の温室効果ガス排出量の把握による低炭素なライフスタイルの実現、および低炭素な商品・サービスの選択による低炭素社会構築への貢献が期待されている。

3.9.3　ドイツでは「脱原発」が実現

　ドイツの研究機関であるFraunhofer Institute for Solar Energy Systems(Fraunhofer ISE)によると、ドイツの発電量に占める再生可能エネルギーの比率は2019年に石炭などの化石燃料の比率(約40%)を超え46%となり、2020年には50%に達し、以降50%前後で推移している。

　また、ドイツの脱原発政策も最終局面を迎えている。国内すべての原子力発電所の停止を目指してきたドイツでは2023年4月、稼働していた最後の3基の原発が送電網から切離され「脱原発」が実現した。

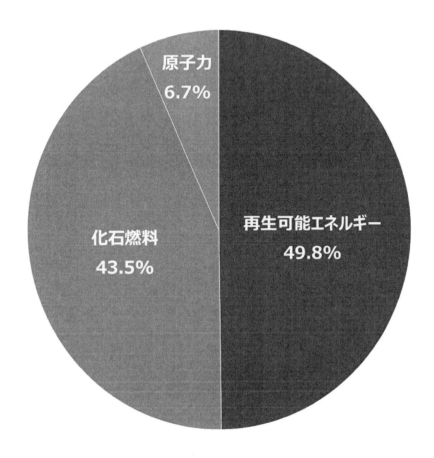

図3.13 2022年のドイツの発電状況(合計:約490TWh(テラワット/時)) ①
(出典 Fraunhofer ISE のデータを基に作成)

　ドイツは今後、再生エネルギーを軸とした電力供給へと切替えることを表明しており、エネルギー業界にも大きな影響を与えている。再生可能エネルギーのうち2022年の時点で比率が最も高いのは風力発電(25.0%)であり、太陽光発電(11.7%)とバイオマス発電(8.5%)がそれに続いている。

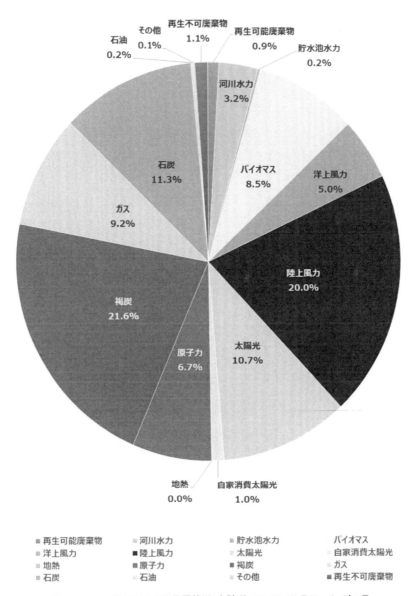

図3.14　2022年のドイツの発電状況(合計:約490TWh(テラワット/時))②
(出典　Fraunhofer ISE のデータを基に作成)

　Fraunhofer ISEは、再生可能エネルギーの割合が化石燃料を逆転した理由として低価格な再生可能エネルギーの普及と欧州排出量取引制度 (EU-ETS)による排出権取引価格の上昇を挙げており、これにより、CO_2排出の多い発電では利益が出なくなってきていることを指摘している。

3.9.4　EUの新経済成長戦略「欧州グリーンディール」

　EUでは、2019年12月に新たに発足したウルズラ・フォン・デア・ライエン委員長率いる欧州委員会が、2019～2024年の5年間に渡って取組む6つの優先課題のひとつとして包括的なEUの新経済成長戦略である「欧州グリーンディール (The European Green Deal)」を打ち出した。欧州グリーンディールはEUからの温室効果ガスの排出を実質ゼロにする、つまりEUを世界で初めての「気候中立な大陸(Climate-neutral Continent)」にするという目標達成に向けた、EU環境政策の全体像を示したものである。フォン・デア・ライエン委員長は、「経済や生産・消費活動を地球と調和させ、人々のために機能させることで、温室効果ガス排出量の削減に努める一方、雇用創出とイノベーションを促進する」とグリーンディールが目指すところを強調している。

　欧州グリーンディールにおいて欧州議会は、2050年までにカーボンニュートラルを達成するというEUの公約を、拘束力のある義務とする「気候法 (The European Climate Law)」を2021年6月に承認している。また、EUは2030年までに温室効果ガスの排出量を1990年比で少なくとも55％削減するという新たな目標を、2021年7月に「Fit for 55」として採択している。従来の2030年の削減目標は40％だったが、気候変動の影響が高まってきたことや、環境意識の高い有権者からの圧力により、目標が引上げられた形である。

　さらに、欧州委員会は2020年5月に「Farm to Fork戦略」を発表した。Farm to Forkは農場から食卓までを意味し、EUの今後の食品行政の大きな方向性を示したものである。欧州グリーンディールを食品産業の分野において具体化し、その中核を成すものと位置付けられる。環境、サステナビリティといった価値を従来重視してきたEU食品行政のポジションを一

段と明確化し、今後の対応を加速化するものでもある。EU市場で事業展開するEU域外の食品業界の企業にとっても、重要な内容を含んでいる。

　2020年12月には、EUの消費者がGXやDXの推進において積極的な役割を果たすことを目的に、「新消費者アジェンダ(The New Consumer Agenda)」を発表している。これは、2020年から2025年までのEUにおける消費者政策のビジョンを提示し、GX、DX、消費者権利の救済と執行、特定消費者グループの特定ニーズ、国際協力の5つの分野に焦点をあてたものである。

　さらに、2021年1月には、新消費者アジェンダの下で実施される最初のイニシアティブである「グリーン消費誓約(The Green Consumption Pledge)」を発表した。この誓約は、EU全体での気候変動に対する活動などへの参加を市民、地域社会、組織などに呼びかけるために2020年3月に立ち上げられた「欧州気候協約(The European Climate Pact)」の一環であり、欧州委員会と企業が共同で作成したものである。その目的は、サステナブルな経済回復への貢献を加速し、企業や製品の環境性能に対する消費者の信頼を高め、「グリーンウォッシュ(Greenwashing)」(実態を伴わないのに、あたかも環境に配慮をしているように見せかけ、商品やサービスなどを提供すること)を回避することにあるとしている。企業はこの誓約に署名することで、GXへの貢献に向けた取組みの加速を約束することになり、その進捗状況をデータで証明して公表する必要がある。

　カーボンニュートラルへの移行のためには、EU、加盟国、民間部門などからの大規模な投資が必要となる。欧州委員会は、2020年1月に「欧州グリーンディール投資計画(The European Green Deal Investment Plan)」を発表し、今後10年間で欧州投資銀行を主軸として官民で少なくとも1兆ユーロ(約160〜170兆円)の投資の動員を目指すこととしており、これがサステナブルな投資プロジェクトの実施を支えることになる。

　ちなみに、日本の2023年の国家予算の一般会計の総額が「過去最大」の114兆円なのでこの額がいかに大きいかがわかると思う。

European
Commission

欧州グリーンディール とは？

2019年12月
#EUGreenDeal

欧州グリーンディールは、人々の幸福と健康の向上を目的としています。欧州で、温室効果ガスの排出を実質ゼロにする気候中立を実現し、動植物の生息環境を守ることは、人や地球、経済にとって良いことです。そして、誰一人取り残しません。

EUは：

2050年までに気候中立を実現します	汚染を削減し、人間の生活や動植物を守ります	企業がクリーンな製品と技術の世界的リーダーになることを支援します	気候中立への移行が公正で包摂的であることを担保します

「欧州グリーンディールは、EUの新しい成長戦略です。雇用を創出しながら、排出量の削減を促進します」

ウルズラ・フォン・デア・ライエン欧州委員会委員長

「これは、人々の幸福と健康を向上させ、次世代のために健全な地球を守ることに役立つ、グリーンで包括的な移行の提案です」

フランス・ティーマーマンス欧州委員会執行副委員長

93%
の欧州市民は、**気候変動**を**深刻な問題**と受け止めている

93%
の欧州市民は、少なくとも一つの気候変動**対策**を**実行している**

79%
の欧州市民は、気候変動への取り組みは**イノベーション**をもたらすと認めている

図3.15　欧州グリーンディールとは？
(出典　駐日欧州連合代表部「欧州グリーンディールとは？」(2019)
https://www.eeas.europa.eu/sites/default/files/jp-what_is_the_european_green_deal.pdf)

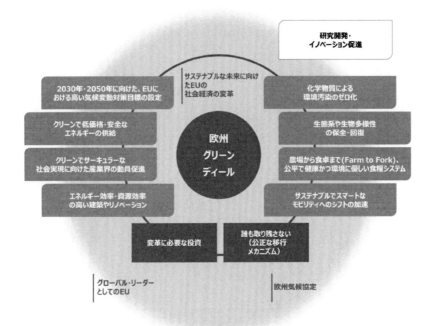

図3.16　欧州グリーンディールの概要
(出典　欧州委員会：「The European Green Deal」(2019.12.11　COM(2019)640final) を基に作成)

　移行に向けてすべての国々が同じスタート地点にいるわけではないため、移行から大きな影響を受ける市民に新しい経済分野での職業訓練や雇用機会を与えるための施策も発表されている。これが欧州グリーンディールの資金提供メカニズムである「公正な移行メカニズム (The Just Transition Mechanism)」である。

　後述するドイツのインダストリー4.0における労働4.0と同じく、EUでは誰も取残さない施策を推進しようとしていると思われる。このメカニズムによって移行によって影響を受ける地域の社会的・経済的変化を軽減するため、2021～2027年の間に少なくとも1,000億ユーロ (約16～17兆円) を投入するとしている。

　EUはここで述べた以外にも、欧州グリーンディールの実現に向けたさまざまな政策を推進しており、EUはそのすべての政策に気候行動を組込むことを強調している。EUは気候変動や環境劣化といった地球規模の問題には、地球規模の対応が必要であるとしており、EUは自身の環境上の高い目標や基準を示し、推進していく点でも、世界のリーダー的役割を果たそうとしているのではないだろうか。

3.9.5　カーボンプライシングを支える2つの制度

　現在、「カーボンプライシング」(炭素排出量に価格を付け排出量に見合った金銭的負担を企業などに求める仕組み)における制度設計では、EUが先行している。そのEUにおけるカーボンプライシングを語る上で欠かせないのが、「EU域内排出量取引制度(EU-ETS：European Union Emissions Trading System)」と「炭素国境調整メカニズム(CBAM：Carbon Border Adjustment Mechanism)」である。

　EUは、欧州気候法において設定された2030年までの温室効果ガス削減目標(1990年比で55％以上削減：Fit for 55)の達成に向け、2022年12月に、EUにおける排出量取引制度であるEU-ETSの改正指令案の暫定的政治合意を発表している。

　世界銀行によると、こうしたカーボンプライシングの総額は年々増加を続けており、特に2021年はEU-ETSを含む排出量取引制度の価格高騰に伴い、2020年の水準から60％近く増え、世界全体で約840億ドル(約12兆〜13兆円)となっている。このように世界中でカーボンプライシングの導入が進む一方で、課題も残っている。たとえば、排出量取引制度は市場機能を活用することで効率的かつ効果的に排出削減を進められるという長所を持つ一方で、市場価格が変動するため、カーボンプライスの予見可能性が低いことが課題として認識されている。カーボンプライシングの枠組みによる温室効果ガスの排出削減が強化される中、規制の厳しい地域から緩い地域への製造拠点の移転や規制地域外からの輸入増加などの「カーボンリーケージ」が起こることを問題視する声も高まっている。

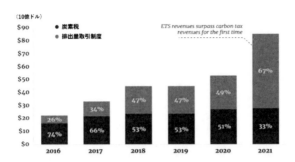

資料：World Bank「State and Trends of Carbon Pricing」を基に経済産業省作成

図3.17　カーボンプライシング収入の推移
(出典　資源エネルギー庁：「2023年版エネルギー白書」，第131-1-4
https://www.enecho.meti.go.jp/about/whitepaper/2023/pdf/)

　そうした中、EUは2022年12月に炭素国境調整メカニズム(CBAM)の設置に関する規則案について暫定的な政治合意に達した。これはカーボンリーケージの対策として、EU域内の事業者がCBAMの対象となる製品を域外から輸入する際に、域内で製造した場合に排出量取引制度に基づき課されるカーボンプライス相当の価格の支払いを義務付けるものである。このように、さまざまな課題に対して各国の産業構造などを踏まえながら、カーボンプライシングの検討や導入が進んでいる。

(1)EU域内排出量取引制度(EU-ETS)

　EU域内排出量取引制度(EU-ETS)とは、対象となる企業や施設に対して一定期間中の排出量の上限を課し、その上限を段階的に引き下げることによって排出量削減を目指す制度である。対象施設や企業は毎年その年の終わりに排出実績を政府に提出する必要がある。仮に与えられた排出枠を排出量が超えてしまっていれば、排出枠を購入するなど排出量を補填するなどの対応が求められる。

　主に発電、鉄鋼、セメント・ガラス製造のような鉱物処理業(窯業)、パルプ・紙製造業といったエネルギー分野や産業分野における12,000以上の施設をその対象としており、2021年には海運、道路輸送、建物(化石燃料などの暖房を利用する住宅など)もその対象に加えられた。

　EU-ETSは2005年に施行されて以来、すべてのEU加盟国および、アイスランドやリヒテンシュタイン、ノルウェーなどの非EU加盟国でも運用されている。また、1997年に採択した京都議定書で定められた温室効果ガス削減目標を達成するためのEUにおける重要な取組みのひとつと定められており、EUのエネルギー気候変動政策の枠組みの中で主要な取組みと位置付けられている。

　具体的な制度の仕組みとしてEU-ETSは企業に排出枠 (限度：キャップ)を設け、その排出枠(余剰排出枠や不足排出枠)を取引(トレード)するキャップ&トレード制度を用いており、対象企業は上限の範囲内で排出枠の売買が可能になる。

　この制度においては、単純に排出量を規制するのではなく排出量を所有する排出枠の範囲内に収めることができた企業は、余剰排出枠を市場で売ることができる。これにより、排出削減に努力している企業ほどメリットがあるシステムが実現される。

　一方で、排出量が所有する排出枠を越えてしまう企業は、より効率の良い技術に投資したり、利用するエネルギー源を炭素集約的でないものに変更したり、市場で排出枠を購入したりする必要がある。企業は、これらの選択肢を組合せることなどによりコスト効率の最も良い方法を導き出して対応する必要がある。

　EU-ETSの2021年末の価格は1トンあたり約80ユーロ (約13,000〜14,000円) であり、2022年も80ユーロ前後の価格で推移してきたが、2023年2月には100ユーロ (約16,000円〜17,000円) を一時的に突破した。

　こうした急激な脱炭素化への動きや排出枠価格の高騰などが、世界的インフレを助長するという課題も指摘されている。多くの企業は排出量の削減が追付かず排出枠の購入を余儀なくされると見られており、そのコストを商品価格に転嫁する動きも出てきている。グリーンインフレと呼ばれる気候変動対策に由来する物価上昇が、消費者の生活にも大きな影響をおよぼす可能性があることが懸念されている。

　制度の適用期間は、第1フェーズ (2005〜2007年)、第2フェーズ (2008〜2012年)、第3フェーズ (2013〜2020年)、第4フェーズ (2021〜2030年) の4フェーズに分けられている。第4フェーズに突入している現在、景

気の低迷や補助制度の運用などもあり全体的な排出量は当初より減少傾向にある。

(2) 炭素国境調整メカニズム (CBAM)

　欧州委員会は2021年7月に、Fit for 55の発表と合わせ、その一環である炭素国境調整メカニズム (CBAM) の設置に関する規則案を発表している。CBAMとは、EU域外の国との脱炭素対策の違いによるカーボンリーケージを防ぐため、製品製造過程における排出量に応じて、EU域外からEU域内への輸入時に課金される仕組みである。CBAM設置規則案は、2023年10月から移行期間 (暫定導入期間) として対象製品を輸入する事業者に対する報告義務が適用された。また、2026年から本格適用とする方向で議論が進んでいる。CBAMが導入されると、その影響は輸入業者やEU域外の製造業者だけではなく課税対象の製品を使用するEU域内の企業にもおよぶことになる。特に自動車、建設、家電などの産業分野のサプライチェーンに最も大きく影響すると見られており、これらに関連する企業は競争力を維持するために対策を練る必要に迫られる。

　当初の欧州委員会案では規則が適用される製品を、特にカーボンリーケージのリスクが高いセメント、鉄・鉄鋼、アルミニウム、肥料、電力としていたが、2022年12月に、これらの製品に加え水素が新たに加えられた。EUでは、電化が難しいセクターにおける脱炭素化に向けたエネルギー源として水素を重視している。EUはロシア産資源依存からの脱却を目指していることからも、水素は重要なエネルギー源と見られている。また、欧州委員会は2022年3月に発表したロシア産資源依存からの脱却計画「REPowerEU-Plan」の中で、2030年までに年間約1,000万トンのクリーン水素をEU域内で製造し、年間約1,000万トンのクリーン水素をEU域外から輸入するという目標を掲げている。これらの動きを考えると、CBAMの対象に水素が加わった影響は大きいと言える。さらに、リサイクルされた鉄鋼石、フェロマンガン、フェロクロム、フェロニッケルなどの一部や、鉄・鉄鋼製のねじやボルトなどといった製品も、新たに対象に加えられている。

　欧州委員会案では当初、対象製品の製造時に排出されるGHGプロトコルのスコープ1対象の温室効果ガス(直接排出)をCBAMの適用対象としていたが、2022年12月の見直しにおいて、対象製品の製造に使用される電気などの製造時に排出されるスコープ2の温室効果ガス(間接排出)も特定の条件の下で適用対象とするとしている。

　また、EU-ETSの無償割り当てを2026年から10年かけてCBAMに移行することが検討されている。EU-ETSには規制対象者に無償で割り当てられる排出枠(無償割当)があり、カーボンリーケージリスクが特に高い製造業には100％、カーボンリーケージがそれほど高くない製造業には30％分が無償で割り当てられている。しかし、この無償割当は2026年から削減が予定されている。そして、この2026年から、無償割当の削減幅に応じて段階的にCBAMを導入し、2035年にEU-ETSの無償割当をCBAMに完全に置換えるとしている。また、この点に関して欧州委員会はEU製品と域外製品の平等な待遇を確保するとしている。欧州委員会はCBAMにより影響を受ける域外国との協力を今後も続けるとし、EU域外の国がより高い脱炭素化規制を実施する場合には、その規制をCBAMの代替として認めるとしている。

3.10　EUのサーキュラーエコノミー領域の政策

　ここでは、EUにおけるサーキュラーエコノミー(CE)に関する政策例として、「デジタルプロダクトパスポート(DPP：Digital Product Passport)」と「EUバッテリー規則(EU Batteries Regulation)」を取上げる。

3.10.1　デジタルプロダクトパスポート(DPP)

　EUの欧州委員会は、EU全域にサーキュラーエコノミーを加速させるための計画である「サーキュラーエコノミーアクションプラン(Circular Economy Action Plan)」を2020年3月に発表し、その要となる「サステナブルなプロダクトイニシアティブ(SPI：Sustainable Products Initiative)」

を2022年3月に発表した。SPIは、EU市場に投入される製品がサステナブルになるよう製品の標準化を進める施策が盛り込まれたイニシアティブである。

　SPIのポイントのひとつが、エコデザイン対象製品の拡大である。SPIが発表される前に、エコデザインを義務付けるために定められていた「エコデザイン指令(ErP(Energy-related Products)指令)」では、対象がエネルギー関連製品に限定されていたが、SPIで新たに発表されたエコデザイン規則案では食品や医薬品などを除くほぼすべての製品が対象となった。また、指令からより拘束力の強い規則に格上げされた。

　これら変更に伴い、欧州委員会は産業界に主に下記を促すとしている。

・製品の耐久性、再利用性、アップグレード性、修理可能性の向上
・循環性を阻害する製品、環境負荷物質への規制
・製品へのエネルギー、資源効率化、再生材含有率最低基準の設定
・製品の容易な解体性、容易なリマニュファクチャリング性、容易なリサイクル性の実現
・製品カーボンフットプリント、環境フットプリントなどのライフサイクル評価、廃棄物抑止・削減

　SPIで発表されたサステナブルな製品の標準化に関する取組みのひとつがDPPの導入促進である。DPPとは、製品のトレーサビリティ情報がデジタルデータとして保持された「(製品版)パスポート」を指す。DPPが保持すべきパスポート情報には、製品のサステナビリティを証明する情報として、製造元、使用材料、リサイクル性、解体方法などの情報が含まれ、製品のライフサイクルに沿ったトレーサビリティを確保することが求められている。設計情報についてもデジタルデータとして保持されることが求められると思われる。

　製品はどこで採掘された原料を使い、どこで加工され、どこで最終製品にされたのか、その間、製品はどのような手段でどういった経路を運ばれ、温室効果ガスをどれだけ排出したのか、再生材はどれだけ含まれ、環境負荷物質(SoC：Substances of Concern)はどれだけ使われ、修理可能性や

耐久性はどうなのかといった製品のサステナビリティやサーキュラーエコノミーに関する情報がDPPを通じて記録され、提供されることが求められことになる。設計情報についてもデジタルデータとして保持されることが求められることになると思われる。

　これらの情報がDPP上でデジタルデータとして把握できるようになることで、EUの環境基準に適合しない製品には、販売許可を与えなかったり、高い関税をかけたりするといったことが可能となる。

　このDPPは現在、法制化が進められている。その目的はサステナブルな製造や製品管理、消費を促進することであり、サーキュラーエコノミーのデジタルプラットフォームを提供する一方、法遵守の監視を効率化させることであると考えられる。

　DPPがまず適用される製品としては、EVのリチウムイオンバッテリーが挙げられ、バッテリー規則はすでに法制化が進められている。

　世界経済フォーラム(WEF)で提唱され、2017年に設立されたGlobal Battery Alliance(GBA)は、「バッテリーパスポート」という情報基盤の構想を公表している。バッテリーパスポートとは、バッテリーのライフサイクルに関わるステークホルダーの間で情報交換を行い、相互認証を行う仕組みであり、EVのリチウムイオンバッテリーはその下で管理されることになる。その際、自動車に使用された後、他の目的にリユース可能であれば、リサイクルよりも優先してリユースすることが法的に要求される。デジタルデータとして保持されたバッテリーのトレーサビリティ情報はリユースの際に有益なものとなる。また、リユース率が向上すれば、サーキュラーエコノミーの推進に貢献することになる。

3.10.2　EUバッテリー規則

　EUでは2023年8月、バッテリー製品の原材料調達から設計、製造、利用、リサイクル、廃棄などに至るライフサイクル全体を規定するEUバッテリー規則が発効された。この規則に則り、2024年から順次、規定された開始時期に沿って各義務が適用されることになる。バッテリーは、欧州グリーンディールを達成する上でも今後、需要の拡大が見込まれており、EU

バッテリー規則は自動車用、産業用、携帯型などEU域内で販売されるすべてのバッテリーがその対象となる。

　EUバッテリー規則は全14章、96条の条文および15の附属書で構成されており、EUでは、EUバッテリー規則の要件を段階的に明確化する予定であるとしている。EUバッテリー規則の背景には、欧州グリーンディール実現がある。

　EUバッテリー規則は、バッテリーの温室効果ガス排出量を示すカーボンフットプリントについても定めている。EUバッテリー規則では、バッテリーの製造工場ごとにカーボンフットプリントを公表することを求めている。温室効果ガス排出量においてはバッテリーのライフサイクル全体(LCA)での算定、つまり原材料となる資源の採掘、製造、輸送から使用後の処理やリサイクルに至るまでの総合的な算定が求められている。ただし、使用段階での温室効果ガス排出量は含まなくて良いことになっている。

　EUバッテリー規則には自動車用、産業用、携帯型などEU域内で販売されるすべてのバッテリーを対象に、カーボンフットプリントの申告義務やリサイクル済原材料の最低使用割合、廃棄された携帯型バッテリーの回収率、原材料別再資源化率の目標値の導入などに関する事項などが盛り込まれており、サプライチェーンの見える化・強靭化を通じて、EU域内の重要原材料の確保や戦略的自律を目指すとされている。

　カーボンフットプリントの申告開始時期はバッテリーごとに定められており、EV用のバッテリーの場合、2025年2月または委任法(計測方法)、実施法(申告細則)の施行から12カ月後のいずれか遅い日以降に適用される。リサイクル済原材料の最低使用割合の開示においては、産業用バッテリー(2キロワット時(kWh)を超えるもの)、EV用バッテリー、SLI用バッテリー(Starting Lighting Ignition Batteries：自動車の内燃機関を始動させるために設計されたバッテリー)で、活物質にコバルト、鉛、リチウムまたはニッケルを含むモノは、コバルト、リチウム、ニッケルについては、バッテリー製造廃棄物または消費後廃棄物から回収されたモノの割合に関する情報を記載した文書を添付することが求められ、鉛については、バッテリーに含まれる廃棄物から回収された鉛の割合に関する情報を記載した文書を添付することが求められる。これらについては、2028年8月または委任法

の発効から24カ月後のいずれか遅い日以降に開示が義務付けられる。

LMT用バッテリー(Light Means of Transport Batteries：電動アシスト自転車・スクーター用など軽輸送手段に用いられるバッテリー)については、2033年8月から開示義務が適用される。また、LMT用バッテリー、産業用バッテリー(2kWhを超えるもの)、EV用バッテリーは2027年2月からバッテリーパスポートを介し、ラベル表示情報、原材料構成、カーボンフットプリントなどに関する情報へのアクセスを確保することが求められ、これらを二次元コードから読み取ることができるようにすることも定められている。

EUバッテリー規則においては、発効時点では、バッテリーのカーボンフットプリントやリサイクル率などについて、要求される数値の計算方法や文書の形式などを定める委任法が制定されておらず、発効時点では明確な要求事項が不明確な状況である。そのため、バッテリーのカテゴリや要求事項ごとに適用スケジュールと更新内容をキャッチアップしていくことが今後必要になる。

また、リチウムイオンバッテリーには、リチウム、コバルト、ニッケル、グラファイトなど数種類のレアメタルが使われている。たとえば、リチウムの主要生産国は豪州、チリ、アルゼンチンであり、最大のコバルト産出国はコンゴである。EUバッテリー規則には、こういったEU域外の国で採掘されレアメタルがEU域内に入った後、EU域内で循環させるという意図もあるように感じる。

3.11　EUの分散×ネットワーク型の取組み

ここでは、EUにおける分散×ネットワーク型(DX)の取組みや、それを支えるデータ連携基盤構築の動きを取上げる。

3.11.1　EUが進めるデータ連携基盤構築の取組み

前述のように、インダストリー4.0では当初から概念としてデジタルファ

クトリーからデジタルエンタープライズ、デジタルエコシステムを経て、デジタルエコノミーへ向かうということが語られてきた。EUでは、インターネット普及前の1995年に個人データの取扱いに係る、個人の保護および当該データの移動に関して定めた「EUデータ保護指令(Data Protection Directive 95)」(個人データの取扱いに係る個人の保護及び当該データの自由な移動に関する欧州議会および理事会の指令)が制定されている。そして、2016年5月にはデジタル化社会に適合した個人データ保護規定である「EU一般データ保護規則(GDPR：General Data Protection Regulation)」が発効、移行期間を経て2018年5月に適用開始され、EU規則として加盟国に適用されている。

　GDPR以外にも、デジタル・プラットフォーマーの活動に大きな影響を与え得る、さまざまなルール整備がEUでは行われてきた。GDPRが発効された2016年5月に、欧州委員会は「オンライン・プラットフォームと単一デジタル市場：欧州にとっての機会と挑戦(Online Platforms and the Digital Single Market：Opportunities and Challenges for Europe)」という政策文書を公表し、デジタル・プラットフォーマーに関する法規制の改革を行っている。

　欧州委員会は、2019年から2024年までの優先課題のひとつに、「デジタル時代にふさわしい欧州(A Europe fit for the Digital Age)」を掲げており、これに沿って2020年2月に「欧州データ戦略（A European Strategy for Data）」を公表した。この戦略はデータの単一市場である「欧州データ空間（European Data Spaces）」の構築を目標としたものであり、EU圏の企業がデータを共有できる制度を構築することで産業データ活用を進めることを狙ったものと言え、この後説明するデータ連携基盤構築の動きはこれに準じたものと言える。また、個人データを押さえつつある米国のGAFAM(Google<Alphabet>、Apple、Facebook<Meta Platforms>、Amazon、Microsoft)や中国のBAT(百度(Baidu)、阿里巴巴集団(Alibaba)、騰訊(Tencent))などのプラットフォーマー企業への対抗措置の意味も持っている。

　欧州データ戦略には、公正かつ競争がある経済をさらに発展させ、EU市民に役立つ技術開発を進め、オープンで民主的な社会を支えることを目的

とした複数の計画が記されており、その中核は「EUに単一のデータ市場を構築すること」にあるとされている。EUは従来、GAFAMなどに個人データを独占されないためにGDPRなどで規制しようとしていたが、欧州データ戦略発表後はただ対抗するのではなく、自らの強みである産業データの活用を目指すという方向に転換を始めている。

EUの主要企業の工場にあるロボットや設備、製造された製品には産業データが大量に蓄積されており、こういったデータの活用に着目していることがポイントのひとつと言える。

EUにおいては2016年に設立した、International Data Spaces Association(IDSA、設立当時の名称は、IDS(Industrial Data Space))がデータ主権に関する標準を策定している。

このデータ主権に準拠する形で、具体的な手段としてGAIA-X、Catena-X、Manufacturing-X、Cofinity-Xといった団体が設立され、つながりをつくっていくという動きが継続している。これは、EUにおける分散×ネットワーク型(DX)の取組みを支えるデータ連携基盤構築に向けた動きと捉えることができる。

この後記述をするGAIA-XやCatena-XなどのEUのデータ連携基盤構築イニシアティブでは、データインフラを利用する際のセキュリティ、データ主権を維持したデータ交換、データ利用カタログ、個人データ保護に関する共通ルールや標準を定めているが、特にデータ主権を重視していることがポイントである。

ここ数年、インダストリー4.0が発表されたハノーバーメッセの、インダストリー4.0の推進団体であるPlattform Industrie 4.0ブースでは、デジタルプロダクションの標準化と、国内および国際的に調整する役割を担うSIC4.0、次世代の信頼できるデータインフラを構築するために協力し、実現を目指すGAIA-X、自動車のサプライチェーンに関わるすべての人のためのプラットフォームを作成することを目指すCatena-X、デジタルツインの未来を積極的かつ革新的に形成する強力なアライアンスを提供するIndustrial Digital Twin Association(IDTA)などが共同展示を行っている。2023年は、これにManufacturing-X、Cofinity-Xが加わった。

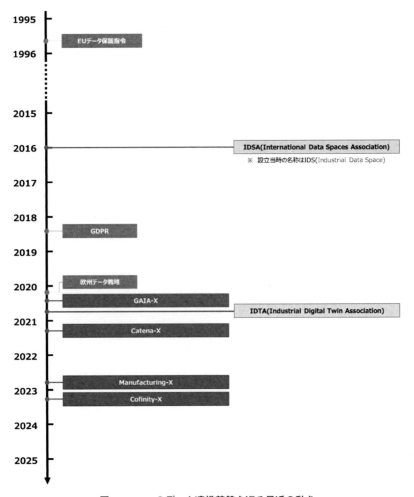

図3.18　EUのデータ連携基盤を巡る最近の動き

　このように、インダストリー4.0は推進団体であるPlattform Industrie 4.0を中心にさまざまなプロジェクトを立ち上げているわけだが、それらが連携してプロジェクトを推進している体制が明確に認識できるようになってきた。ドイツが製造業の革新とそれによる社会課題の解決に積極的に力を入れていることの現れだと感じている。

　焦点となるデータ連携基盤は、インダストリー4.0が2013年のホワイト

ペーパーで打ち出した「つながるバリューチェーン」のコンセプトを実践するものと言える。当時2035年までのロードマップがひかれた長期の取組みとして示されていたインダストリー4.0の取組みは、着実に前進しているということだと感じている。ここからはこういった一連の取組みについて紹介する。

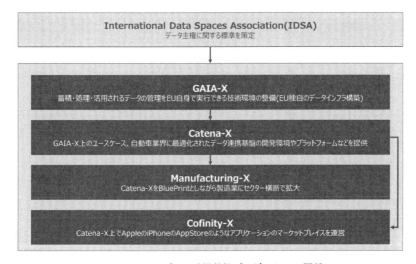

図3.19　EUのデータ連携基盤プロジェクトの関係

3.11.2　欧州統合データ基盤プロジェクト「GAIA-X」

(1)GAIA-X設立とその背景

　欧州統合データ基盤プロジェクト「GAIA-X」が、2020年6月に正式発足された。ドイツ主導で立ち上げられ、フランスとともに準備が進められてきたGAIA-X発足の背景には、クラウドコンピューティングやデジタルプラットフォームビジネスの分野で米国や中国に対し、後れを取っていることへのEUの危機感があると言われる。

　DXの取組みの進展に伴い、データは21世紀の石油とも呼ばれるようになり、ビジネスにおいて極めて重要なものになっている。現在、世界のデジタルデータの多くは米国GAFAMや中国BATなどが提供する巨大プラッ

トフォーム上に集約され、その上で解析や活用が行われている。

　EU も例外ではなく、EU で発生したデータもこれらの巨大プラットフォーマーの新たなビジネスに利用され、EU 自体のデジタルエコノミーの実現に結び付いていないことが懸念されてきた。このため、EU がデジタルエコノミーの実現に向けて巻返しを図るには、蓄積・処理・活用されるデータの管理を EU 外の企業に依存せず EU 自身で実行できる技術環境の整備が必要と考えられ、デジタル主権の確立を最大の目標に、EU 独自のデータインフラを構築する GAIA-X プロジェクトが発足された。

　GAIA-X の目的は、EU 域内外の企業のさまざまなクラウドサービスを単一のシステム上で統合し、業界をまたがるデータ交換を容易に行える標準的な認証の仕組みを通じて、インターオペラビリティを実現することにあるとされる。この点から見れば、GAIA-X は既存のクラウドベンダーを置換えるものではなく、その補完的な役割を担うものと考えられる。

　つまり、EU/ドイツはクラウド基盤はすでに非競争領域になっていると考え、米国 GAFAM や中国 BAT にコンシューマ分野のデータを牛耳られた反省から、優劣がついたクラウド基盤の消耗戦を避け、モノに関するデータの流通とデータガバナンスを用い、社会全体にデータの恩恵を配分する政策をとったということだと考える。

　以前から米国や中国のようなビッグテック企業に匹敵するような投資ができる企業は EU にはない状況であることが課題視され、特に BtoB における問題が提起されていた。GAIA-X が重要としているデータ主権についても、当時からデータは集めるものではなく、誰がどのデータを持っているのかをしっかり把握できてさえいれば良いということが話されていた。EU は、GAFAM のようにデータをどこかに集めるアプローチではない方法で、産業データ連携基盤を構築したわけである。互いを信頼(トラスト)できる仕組みも用意し、データを誰かが集めて何かをやるのでなく、データは分散していても構わないが、信頼できる人が特定の条件の下にアクセスできれば GAFAM と同じことができるという考えで GAIA-X を用い、EU はアプローチしているのだろう。

　こうした壮大なプロジェクトを進めるには、EU の政府や企業が一体となりプラットフォーム構築を推進する必要がある。GAIA-X にはドイツ企

業では、ボッシュ、SAP、ドイツテレコム、ドイツ銀行、シーメンス、フェストなどの大手・中堅企業が名を連ね、フランスの大手ITコンサルティング会社のAtosなども参加している。

(2)GAIA-Xの目的とリファレンス・アーキテクチャー

GAIA-Xは、以下の7つの原則に基づいてEU域内に存在する通信インフラや設備、産業・個人データの収集・活用、デジタルプラットフォームを統合するデータインフラの構築を目指している。

①EUのデータ保護
②開放性と透明性
③信頼性と信頼
④デジタル主権と自己決定
⑤自由な市場アクセスとEUの価値創造
⑥モジュール性とインターオペラビリティ
⑦使いやすさ

GAIA-Xでは、前述の原則を実現するためのアーキテクチャー(リファレンス・アーキテクチャー)が検討されており、基本モデルは次の3レイヤーで構成される。

①各産業部門から生成されるデータのインターオペラビリティやポータビリティを実現する「データエコシステム」レイヤー
②クラウド、高パフォーマンスコンピューティング、クラウド、エッジコンピューティングのインターオペラビリティを実現する「インフラエコシステム」レイヤー
③データインフラを利用する際のセキュリティ、データ主権を維持したデータ交換、データ利用カタログ、個人データ保護に関する共通ルールや標準を定める「フェデレーションサービス」レイヤー

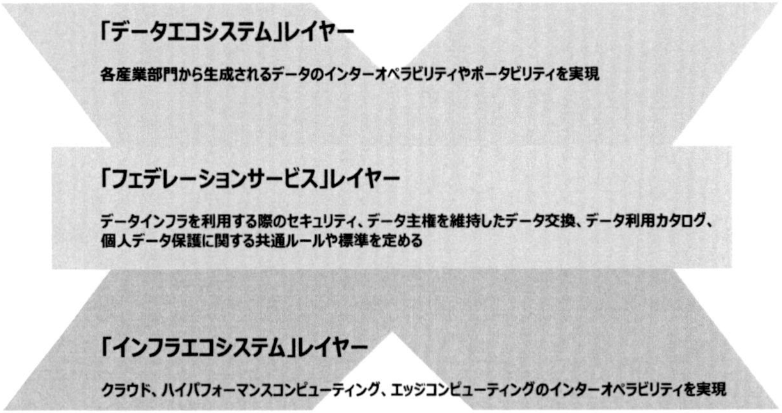

「データエコシステム」レイヤー

各産業部門から生成されるデータのインターオペラビリティやポータビリティを実現

「フェデレーションサービス」レイヤー

データインフラを利用する際のセキュリティ、データ主権を維持したデータ交換、データ利用カタログ、個人データ保護に関する共通ルールや標準を定める

「インフラエコシステム」レイヤー

クラウド、ハイパフォーマンスコンピューティング、エッジコンピューティングのインターオペラビリティを実現

図3.20　GAIA-Xのリファレンス・アーキテクチャー

　GAIA-Xの組織は大きくGAIA-X AISBL(Association internationale sans but lucratif(仏語)：国際非営利団体の意)、GAIA-X Community、GAIA-X Hubsの3つに分かれている。

　GAIA-X AISBLにはアーキテクチャーやフェデレーションサービス(一度認証を通れば、その認証情報を使って許可されているすべてのサービスを使えるようにするサービス)などのワーキンググループが配置され、GAIA-X Communityにはデータ主権やインターオペラビリティなどを検討するワーキンググループが配置されている。GAIA-X Hubsは、GAIA-Xコミュニティを活性化するために参加国単位で設置され、国単位のユーザーエコシステムの情報発信の場となる。そして、各国のGAIA-X Hubsが一体となって、GAIA-Xの実装を推進するネットワークが形成されることが期待されている。

　2020年10月にはEU27か国が「Building the next generation cloud for businesses and the public sector in the EU」という共同宣言を行い、2021年から2027年の7年間で20億ユーロ(約3,200〜3,300億円)を拠出し、各国の企業投資と合わせて総額100億ユーロ(約1兆6,000億〜1兆7,000億円)の投資を行うことが合意された。この中でGAIA-Xは産学連携の代表的な取組みと位置付けられており、この取組みには暗号資産(GAIA-Xトークン)を発行してGAIA-Xの市場通貨として使用する計画も

含まれている。

　ユースケースとしてはスマートリビング(より上質で快適な生活を実現するためのサービス)、金融、公共部門、移動・交通、農業などが挙げられており、GAIA-Xにより各分野のデータを活用した新たなビジネスモデルの構築のための技術基盤の整備が進むことが期待されている。

(3)GAIA-XとEU一般データ保護規則(GDPR)との関係

　前述のように、GAIA-X発足の背景には、EUのデータ管理を海外プラットフォーマーに依存している状況を緩和したいとの思いがあると言われる。EUにおいても、利用されているクラウドの多くはAWS(Amazon Web Services)、Microsoft Azure、GCP（Google Cloud Platform）などが占めており、EUに本社を置いていない巨大プラットフォーマーのクラウド環境が多く利用されている。米国のプラットフォーマーへの依存によって、EUではプライバシーへの懸念が大きくなっている。

　2018年3月に、米国議会は海外のデータの合法的使用を明確化する法案である「クラウド法(CLOUD Act)」を可決した。これによって、クラウドプロバイダーのサーバに保管されているデータに対する法の執行要求についての法的枠組みが変更された。この法律により、米国のクラウドプロバイダーが保管しているデータは、そのデータが物理的に海外にある場合であっても、米国の法の執行による要求がある場合には、アクセスすることが可能になった。

　一方、EUにはデータの移転そのものを制限するGDPRがあり、これとクラウド法は矛盾することになると思われる。GAIA-Xには、データインフラ上でサービスを提供する企業として認定を受けるために満たさなければならない高い基準が定められている。特に、EU域内でのデータの保存についての条件は厳格である。また、EU以外の法的基盤が適用される場合には、その旨を明示しなければならないことがうたわれており、会員プロバイダーは、顧客のデータが米国のクラウド法などの法律の対象となる場合には、顧客に通知しなければならないことになる。

　GAIA-Xのワーキンググループには、Microsoft、Google、Amazon、

IBMなど米国プラットフォーマーの多くが所属しており、GAIA-Xは米国のプラットフォーマーから完全に独立した状態にはないとも言える。だが、GAIA-XではこういったプロバイダーがEU域のデータを管理するサーバをEU域内に設置するなどの対応について言及されており、米国のクラウド法とEUのGDPRの矛盾への対応については今後、GAIA-X内で米国プラットフォーマーを巻込んで議論が進むと思われる。

3.11.3　GAIA-X上のユースケース「Catena-X」

(1)Catena-X設立の目的

　カーボンニュートラルに向けた世界的な潮流において、自動車のEV化などの取組みが加速している。こうした中、自動車産業の競争力強化やCO_2削減などを目的に、BMWグループとメルセデス・ベンツは2021年3月に、自動車業界において安全な企業間データ交換を目指すアライアンスである「Catena-X(Catena-X Automotive Network)」を設立したことを発表した。

　Catena-XはGAIA-X上のユースケースのひとつであり、ドイツの自動車メーカーだけでなくその他の関連する企業も参加可能な実践志向のネットワークである。自動車産業のサプライチェーンにおける拡張性の高いエコシステムをつくり、オープン性・中立性を確保しながら標準化されたデータにアクセスできるようにすることで、自動車のバリューチェーン全体で効率化、最適化、競争力の強化、サステナブルなCO_2排出量削減などを実現することを目標としている。

　サプライチェーンやバリューチェーンというと、自動車部品をつくるサプライヤーがいて、それを組立てる自動車メーカーがいるというモノづくりの流れを思い浮かべるかもしれないが、Catena-Xが想定しているサプライチェーンの概念はもっと広い。サステナブルなモビリティ社会を実現するためには従来の自動車製造に関与してこなかった多くのプレイヤーが関わる必要がある。従来のモノづくりのサプライチェーンに留まらない業界を超えたエコシステムをCatena-Xは想定していると考えられる。

　Catena-Xの成功のためには、中堅中小企業(SME)の積極的な参加が重

要であるとの考えの下、SME向けのソリューションを備えたオープンネットワークが構想されており、SMEはわずかなIT投資で参加できるとされる。

　また、EUの自動車業界の既存のバリューチェーンが企業間ネットワークにつながることで、参加企業から見ると、品質管理プロセスや物流プロセスの効率向上、CO_2排出量削減、マスターデータ管理の簡素化などが実現される。データをつなぐことによって、自動車のバリューチェーンのデジタルツインを構築し、これに基づいて革新的なビジネスプロセスとサービスを開発することができるとしている。

(2)Catena-Xの参加企業・団体

　Catena-Xには、自動車メーカー、自動車部品メーカーといった自動車製造に関わるプレイヤーだけでなく、アプリケーションベンダーやプラットフォームベンダー、通信・ITベンダー、インフラベンダー、研究開発機関、SMEなどさまざまなプレイヤーが参加している。

　特に、アプリケーションベンダーやプラットフォームベンダー、通信・ITベンダーの参画が目立つ。この背景には、Catena-Xが自動車産業の効率化だけでなくカーボンニュートラルなど地球環境に配慮しながら安全なインテリジェントドライブシステムを実現することを目指しており、それには通信・ITが重要な役割を果たすという思惑があるのではないかと思われる。

自動車メーカー	BMWグループ、メルセデス・ベンツ、フォルクスワーゲン(VW) など
自動車部品メーカー	ボッシュ、シェフラー、ZF、デンソー(ドイツ現法)など
プラットフォーム、アプリケーション、通信、IT	ドイツテレコム、SAP、Microsoft 、BigchainDB、Fetch.aiなど
化学、素材	BASF、ヘンケル、旭化成(ドイツ現法)など
産業用機械	シーメンス、DMG森精機など
研究機関	ARENA2036、ドイツ航空宇宙センター(DLR)、フラウンホーファー研究機構など
中堅中小企業(SME)	―

図3.21　Catena-X に参加している主な企業・団体

(3)Catena-X がもたらすメリット

　Catena-Xは、自動車産業のサプライチェーン間でデータを交換・共有するためのプラットフォームを目指している。情報やデータ交換の仕組みを標準化することでドイツの自動車産業の競争力を強化し、企業間協力の効率性を高め、企業間プロセスを加速していこうとしている。

　バリューチェーン全体でデータを共有し、業界標準の構築と効率化を目指すCatena-Xが注力するのは、品質管理、ロジスティクス、メンテナン

ス、サプライチェーンマネジメント、サステナビリティの5つの柱である。

　自動車産業においては、とりわけサステナブルな環境への取組みが重要な課題となっている。年々厳格化する世界の環境規制への対応に迫られ、欧米や日本の自動車産業がEV化をはじめ事業構造転換に向けて本格的に動き始めており、地球環境問題に対する取組みを加速させなければ自動車産業の存続が困難となると考えられているからである。

(4) バリューチェーン全体でデータ共有を加速させる理由

　Catena-Xを用い、自動車産業の先進国であるドイツが先導する自動車のバリューチェーン全体でのデータ共有の動きは、世界的に広がっていくと考えられる。従来、カーボンニュートラルにおいては発電などのエネルギー産業の話が大きく取上げられていたが、自動車産業にも注目が集まっている。

　前述のように、数年前より自動車産業に起こっている変化の潮流としてCASEが取上げられてきた。この潮流は自動車を新しい姿へと変化させるに留まらず、自動車産業の構造をも大きく変えようとしている。燃料から走行まで、トータルで自動車の環境負荷を低減させていくためには、EV化によって自動車自体が走行時に排出するCO_2を削減するだけでなく、供給電力発電時のCO_2削減、自動化やシェアリング、信号機などの都市交通インフラとの連携による自動車自体の運行効率化といった、産業界が一体となった取組みが必要となる。これを実現するためには、従来、自動車製造に関与してこなかった多くのプレイヤーが関わる必要がある。カーボンニュートラル時代の自動車のあるべき姿は、こうしたポイントを抑えながらエコシステム型で議論する必要があり、その取組みの実現を目指すのがCatena-Xなのである。

3.11.4　製造業全体のデータ基盤構想「Manufacturing-X」

　「Manufacturing-X」は自動車産業を対象としたCatena-Xのコンセプトを発展させた、製造業全体のデータ基盤の構想である。自動車業界においてはCatena-Xが存在するが、Manufacturing-Xでは自動車を含めた製

造業全体が対象となる。

　Catena-Xを土台(BluePrint)としつつも、製造業のセクター横断で進めていくイニシアティブという位置付けになる。DPPの取組みの標準化も、Manufacturing-Xが主導するとしている。

　VDMA(ドイツ機械工業連盟)がManufacturing-Xの主導組織のひとつだが、インダストリー4.0の推進団体であるPlattform Industrie 4.0やSAPをはじめとするドイツ主要企業が取組みをリードすると思われる。

　Manufacturing-Xの検討が進む背景には、新型コロナウイルスによるパンデミックやロシアのウクライナ侵略、エネルギー危機・原料価格の高騰、気候変動などがある。

　これらの影響により世界では原材料や部品の供給の不足や製造停止、インフレなどが起き、急速に景気後退リスクが高まるなど競争環境が悪化している。こうした危機感もManufacturing-Xの検討が進む背景にある。

　また、ドイツの産業界には中堅中小企業(SME)が多いという特徴があり、自動車産業におけるCatena-Xと同様、SMEがプラットフォーマーに依存せずに済むようなインターオペラビリティの高いデータエコシステム構築の役割も、Manufacturing-Xには求められている。

　Manufacturing-Xが掲げている目的は、大きく3つある。

①レジリエンス
　地政学的リスク、自然災害、パンデミックなどが発生した際に、柔軟かつ迅速に切替えが可能なサプライチェーンの構築

②サステナビリティ
　エネルギー効率の向上とデータドリブンな意思決定による、CO_2排出量削減とサーキュラーエコノミーの実現

③競争力
　デジタルイノベーションの加速とデータドリブンな新たなビジネスモデルの構築による、グローバル・リーダーシップの発揮

Manufactring-Xにおいては、この中の、競争力が特に重視されているように見えるが、ここには、競争が可能なくらい魅力的な市場をEUが一体となってつくっていくという意思が込められているように感じる。

EU/ドイツは日本をはじめとしたさまざまな国々と、長期に渡り、製造業のデジタルイノベーションを推進するための信頼関係と協力関係を築いてきた。そして、多くの国際的なパートナーとともに、現在「International Manufacturing-X Council」の設立に取組んでおり、グローバルな製造業の国際的な産業データエコシステムの発展と調和が進みつつある。

International Manufacturing-X Councilは一般要件として以下を掲げている。

・International Manufacturing-X CouncilのゴールはManufacturing-Xのゴールに基づいて構築され、世界規模で共有される。
・Manufacturing-Xの国際的な普及のためには、オープンで協力的な環境促進が重要である。
・国際標準との連携を促進し、すべての製造業に関わるステークホルダーがアクセスしやすい利用手段を確保することが重要である。
・国際的な協力のための信頼（トラスト）を確保できる環境を作り出すことが重要である。
・国際標準は、製造業に関わるステークホルダーがアクセス可能なものでなければならない。

3.11.5　マーケットプレイスの運営を担う「Cofinity-X」

(1)Cofinity-Xとは

ハノーバーメッセ2023では、BASF、BMWグループ、ヘンケル、メルセデス・ベンツ、SAP、シェフラー、シーメンス、T-Systems、フォルクスワーゲン（VW）、ZFの10社が、自動車業界全体でCatena-Xのユースケースの運用・採用を促進する目的で、「Cofinity-X」というジョイントベンチャーを共同設立したことを発表した。Cofinity-X設立の目的は、アプリケーション用のオープンマーケットプレイスの運営、エコシステム内の参加者間の効率的かつ安全なデータ交換を可能にする製品とサービスの提

供を行うことにある。

　Cofinity-Xは、まずEU市場を中心に事業を展開するとしており、その事業は、バリューチェーン全体のトレーサビリティを実現するエンド・ツー・エンドのデータチェーンの構築やオペレーションに大きく貢献することが期待されている。

　オペレーションの基礎になっているのは、信頼できるGAIA-XとCatena-Xの原則である。これにより、オープン性、信頼性、協調性、かつ安全性の高い環境で、データ共有者は完全なデータ主権を確保できるとしている。

　Cofinity-Xの役割の中心は、AppleのiPhoneのAppStoreのようなアプリケーションやサービスなどを提供するマーケットプレイスを運営することにある。一方、ビジネスアプリケーションの開発や提供などを行うプロバイダーなどはこのマーケットプレイスにアプリケーションを提供したり、このマーケットプレイスを介してサービス提供の支援を行ったりすることになり、コンサルティングなどのサービスを提供するプロバイダーはこのマーケットプレイスを介してサービスを提供したり、サービス提供の支援を行ったりすることになる。アプリケーションやサービスなどを提供するマーケットプレイスを運営する企業が設立されたということは、データ基盤の取組みが協調領域であるOSS(オープンソースソフトウェア)の共通基盤開発から、上位の競争領域であるアプリケーションやサービスのレイヤーに移行しつつあることを意味している。

　また、Cofinity-Xは、Catena-Xのユースケースや運用のための企業(Operating Company)のひとつとして発表されており、理論的には他にも運用を担う企業が出ても良いということになる。

　ただし、運用においてはCatena-Xからライセンスを受け、ルールを守る必要がある。それができる企業のひとつめとしてCofinity-Xが立ち上がったということではないだろうか。Catena-Xとしては、さらに参画する事業会社が増えることを期待していると思われる。日本企業の参加も期待したいと思う。

(2)Cofinity-XとCatena-Xの役割分担

　事業主体のCofinity-Xは、複数の利用者のお互いの信頼（トラスト）を担保したり、マーケットプレイスをつくったりしながら展開する。一方で、Catena-Xは、守るべき基本ルールを決める。つまり、ルールを決めた事業体であるCatena-Xにクラウドサービスの立ち上げ、運用などまでを行う責任を持たせず、Cofinity-Xという企業に任せ、Catena-Xはルールメイクに専念するという役割分担をとっている。

　また、Cocinity-Xは企業のCatena-Xエコシステムへの参加や、参加後の活動のための支援を行う役割も担うとしている。企業のエコシステムへの参加の意思決定支援や、データスペースへの接続、データ準備などに必要なITツール・アプリケーションなどの導入支援、企業がデータ連携基盤上でのコラボレーションをビジネスに活用し、付加価値を創出できるようにするための支援などを行うとしている。

　このように機能会社を切離したことで、Cofinity-X以外にも、運用ルールに則って事業を担うことができる企業が出てくればライセンスを与えて市場がどんどん動くような仕組みにしている。

　また、アプリケーション開発を行う企業も、Catena-X会員に限定されてはいない。ただし、Catena-Xのルールを守ってもらうための認定は必要となる。これは前述のAppleのiPhoneとAppStoreの関係に似ている。

　アプリケーションの代表的なもののひとつとして、カーボンフットプリント・トラッキング・ソリューションが挙げられている。これは、バリューチェーンに沿ったカーボンフットプリントを簡易で正確に計算し、報告することを可能にするものである。これにより、企業は、カーボンフットプリントの透明性を実現し、サステナブルな改善に向けたポイントが把握できるようになるとされ、さらにネットゼロに向けた世界的な取組みにおいて積極的な役割を果たすことができるようになるとしている。

(3)Cofinity-Xの主要な製品・サービス

　Cofinity-Xは自らが目指す、エンド・ツー・エンドのデータチェーンは、あらゆる関係企業が協力し合うことで初めて実現するとしている。

Cofinity-Xは、以下の4つの主要な製品・サービスを中心にポートフォリオを構築する。

①オープンマーケットプレイス

顧客が導入できるビジネスアプリケーションにとって最適な環境を提供し、ネットワーク参加者の効率的なマッチメイキングを可能にする。提供されるアプリケーションはすべて、GAIA-XおよびCatena-Xのデータ交換原則に準拠したものになる。

②データ交換

当事者間のデータ交換は、データ主権が確保された安全かつ標準化された原則に基づくものにならなければならず、特定ソリューションへのロックイン効果を強いることはない。データ交換においては、すべてのパートナーが、自身のデータの完全制御権を持つことを保証する。

③統合サービスおよび共有サービス

すべての顧客に付加価値を提供できるように、マーケットプレイスで提供されるビジネスアプリケーションを強化し、インターオペラビリティを可能にしていく。

④オンボーディングサービス

Catena-Xエコシステムへの参加を促進し、バリューチェーンのどのステップでも自動車のサプライチェーンに参加する企業がエコシステムに簡単に接続(デジタル接続)できるようにする。

3.11.6　アプリケーション開発環境を支える「Tractus-X」

(1)Tractus-Xとは

前述のCofinity-Xの役割の中心は、AppleのiPhoneのAppStoreのようなアプリケーションやサービスなどを提供するマーケットプレイスを運営することにあるが、この実現のためにはアプリケーションの開発環境や開

発ツールの整備・提供が必要となる。こういった開発環境や開発ツールの整備・提供の役割を担うのが「Tractus-X(Eclipse Tractus-X)」プロジェクトである。

　Tractus-Xとは、Catena-Xが主導するデータ連携基盤に参加・接続するための開発環境・開発ツールの整備・提供を行う、Catena-X公式のOSSプロジェクトである。Tractus-XはOSSの開発環境(Eclipse)を整備し、アプリケーション開発者や企業に対してSDK(Software Development Kit：ソフトウェア開発キット)を提供するという役割を担っている。実際に、Tractus-Xの公式サイトからダウンロードしたSDKやドキュメントがフリーで使える。

　Tractus-Xは、Eclipseの運営およびオープンソースコミュニティと関連製品・サービスの発展を支援する非営利団体Eclipse Foundationの傘下のプロジェクトでもある。

(2)Tractus-Xの役割

　Tractus-Xは、開発者によるサービスやアプリケーションの開発や運用を加速し、エコシステムが迅速にスケーリングできるようにするための、サポートも担っている。具体的には、インターオペラビリティ可能で、革新的なアプリケーションの開発と、Catena-Xへのオンボーディングを加速するために、コアサービスとイネーブリングサービスのリファレンス実装（何らかの機能を実現するハードウェアまたはソフトウェアであり、他者がそれを参考にして独自に実装することを助ける目的でつくられたもの）とKITs(ソリューションプロバイダー向けの開発キット)の提供を進めるとしている。

　なお、リファレンス実装は誰でも使える(フリーな)オープンソースのソフトウェア(FOSS)コンポーネントとして提供される。これらはTractus-Xプロジェクトで管理され、Catena-Xなどで使用されることになるわけだが、GAIA-XやIDSAのような、他のプロジェクトで開発されたリファレンス実装もTractus-Xプロジェクト経由で提供可能になるとされている。さらに、誰でも自由にリファレンス実装を使用、変更、配布することがで

きる仕組みとなっている。

　しかし、リファレンス実装は通常、顧客や市場にそのまま提供できるものではなく、市場に提供するためには一定規模の開発行為が必要になる。そうした開発をソリューションプロバイダーなどが実施するためのベースとして、Catena-Xは、コアサービスとイネーブリングサービスのための最初のリファレンス実装をOSSとして提供するとしている。

(3)Catena-Xの3つのエリアをつなぐTractus-X

　Catena-Xのエコシステムは、Tractus-Xプロジェクトによってつながれた以下の3つのエリアから構成されるとしている。

①Association Catena-X Automotive Network e.V.

　Catena-Xの標準化、認証、ガバナンスを担当し、Tractus-Xプロジェクトを管理する役割を担う。

②Development Environment

　コアサービスとイネーブリングサービス(コアサービスの採用と展開を可能にするサービス)のリファレンス実装のための開発環境。実装はTractus-Xリポジトリで管理され、ソースコード、技術文書、デプロイ手順などが含まれる。

③Operating Environment

　リファレンス実装を、以下のようなプロバイダーが自由に使用、変更、運用できる環境である。

・コアサービスプロバイダ

…マーケットプレイス運用などを担う。

・イネーブルメントサービスプロバイダ

…Eclipse Dataspace Connector(EUのデータスペース標準やインフラ標準に基づいた実装を行い、実装内容やユースケースをGAIA-XやIDSAなどにフィードバックするプロジェクト)などを担う。

・ビジネスアプリケーションプロバイダ

…トレーサビリティアプリケーション実装などを担う。

3.11.7　ポイントとなるアプリケーションレイヤーの動き

GAIA-XやCatena-Xのようなデータ連携基盤においても、最終的に一番お金が動くのはアプリケーションやサービスのレイヤーになる。つまり、ソリューションプロバイダーなどのプレイヤーから見ると、この領域の優劣が自社の利益に直結することになる。

数年後に見直したとき、このアプリケーションやサービスのレイヤーが欧米の企業に席巻されており、日本企業の姿が見えないという状況は避けるべきであると考える。

日本の経験値や既存のソリューションを使いながら、こういった領域でも稼げるプレイヤーを増やしていくことが日本にとっても重要な取組みになるだろう。

日本企業もデータ連携基盤の戦いが競争領域に移行したことを認識し、競争領域での戦い方を検討すべきではないだろうか。

3.11.8　Industrial Digital Twin Association(IDTA)の役割

Industrial Digital Twin Association(IDTA)もインダストリー4.0の重要なプレイヤーである。

IDTAは、価値創造のネットワークにおけるインターオペラビリティに不可欠な、標準化されたAPIを備えたモデルの開発(アセット管理シェル(AAS)ベース)を進めており、これによってデジタルツインとそのアプリケーションはインターオペラビリティが可能になるとしている。

AASのデータモデルの部分はIDTAが担当し、各企業がそれぞれのエンジニアリングプロセスでデータを入出力するようになるのだと考えられる。データモデルの調整や標準化を行っているのがIDTAで、そのデータ連携は各社やCatena-Xなどが行っているのであろう。

DPPの特定領域においてもこの機能を用いて実装を進めるとしている。

3.12　欧州データ空間を支えるデータ4法

　ここからは、EUのデジタル戦略を法律面から支える「データガバナンス法 (DGA：Data Governance Act)」「デジタル市場法 (DMA：Digital Markets Act)」「デジタルサービス法 (DSA：Digital Services Act)」「データ法 (DA：Data Act)」の4つの法規制について解説する。

　前述のように、EUは2020年頃からEU圏の企業がデータを共有できる制度を構築し、産業データ活用を進める施策を推進してきている。そして、現在、4つのデータ関連法によりデータの扱いに関する規制を強化しつつある。これらの動きは、GAFAMなどの巨大プラットフォーマーへの対抗措置であるとともに、データの提供と利用の間の不公平を是正していくものでもあると考えられる。

3.12.1　データガバナンス法 (DGA)

　欧州データ戦略では、データの単一市場である欧州データ空間構築の実現に向けて8つの課題と4つの課題解決策を提示している。そして、課題解決策のひとつとして欧州データ空間のガバナンスのための法的枠組みをつくることを挙げている。

　こうした中、欧州委員会では2020年11月、欧州データ戦略に基づく初の立法措置としてデータガバナンス法の元となる「欧州データガバナンスに関する欧州議会・理事会規則案 (Proposal for a REGULATION OF THE EUROPEAN PARLIAMENT AND OF THE COUNCIL on European data governance (Data Governance Act)(COM(2020) 767)」が提出された。その後、規定の整備などが行われ、2023年9月からデータガバナンス法が施行された。

　データガバナンス法 (DGA) は、EU の市民や企業の利益確保のために、EU諸国間でのデータ共有を促進し、より多くのデータを利活用できるようにすることを目指した法律であり、その実現のために、データ流通における信頼性を確保し、データ利用を促進するための仕組みを強化するとしている。

データガバナンス法では、

・オープンデータとしての利用が難しい特定の公共部門データの再利用を
　促進する仕組み
・データ共有やデータの保存、データの仲介などを担うプロバイダーの信
　頼性を確保する仕組み
・市民や企業が自らのデータを社会の利益のために提供できるようにする
　ための仕組み
・業界や国を超えたデータ共有を促進するための仕組み

の4つが提示されている。

　データガバナンス法によるデータ流通促進と信頼性確保に関する重要な
項目として、「データ利他主義(Data Altruism)」がある。これは、個人や
企業が自発的に社会の利益のためにデータを提供することを促進し、その
信頼性を高めるための規定である。

　この概念は、企業が自社利益の最大化の視点から考えた場合には、なか
なか理解しにくいものだと思われるが、中長期的な社会全体の利益と発展
を目指したものと考えられ、資本主義社会の中で今後どこまで実効性を高
められるか動向が注目される。

3.12.2　デジタル市場法(DMA)

　デジタル市場法(DMA)は、欧州委員会が2020年12月に後述のデジタ
ルマーケット法と合わせて発表し、2022年11月に施行された。

　デジタル・プラットフォーマーがもたらす巨大市場やユーザーの囲い込
みといった実態を踏まえ、これらを、包括的に規制することを目的に策定
されたものである。

　デジタル市場法では影響力の基準を設け、それに応じてデジタル・プラッ
トフォーマー(ゲートキーパー)を指定するとしており、この指定されたゲー
トキーパーに対し、規制や調査、差し止め、課徴などをかけることができ
るとしている。

3.12.3　デジタルサービス法(DSA)

　デジタルサービス法(DSA)は、2020年12月、デジタル市場法とともに欧州委員会が発表し、こちらも2022年11月に施行された。

　人々の基本的権利を保護するために、デジタル・プラットフォーマーに対し、透明性が高く、適切なルールを設定できるようにすることや、イノベーションを実現するために成長力や競争力を高め、小規模プラットフォーム、中堅中小企業(SME)、スタートアップ企業などの事業拡大を促進すること、ユーザー、プラットフォーマー、公的機関などの間の均衡が、EUの価値観に従って保たれるようにすることなどを目的としている。

　この背景には、デジタルサービスの利用拡大により新たなリスクと課題が生じていることがある。デジタルサービス法では、地政学的リスクが顕在化した際に、ソーシャルメディアや検索エンジン、オンラインマーケットプレイスなどに対し、規制をかけることが可能になることなどが示されている。

　プラットフォーマーには、提供しているプラットフォームにおいて、違法な商品やサービスの販売や違法なコンテンツ(フェイクニュース、プロパガンダ、ヘイトスピーチ、ハラスメント、児童虐待など)の拡散が行われることを取締る義務、レコメンドエンジンのアルゴリズムを開示する義務、子供向けの広告を禁止する義務、広告のターゲットにする際にセンシティブな個人データ(性別、性的指向、人種、宗教、政治的信条など)の使用を禁止する義務などが科せられる。

3.12.4　データ法(DA)

　データ法(DA)は、2022年2月に欧州委員会が発表した、産業データへのアクセス権を規定し、クラウドサービスの乗り換えなどを容易にするデータ規則であり、2023年11月に欧州議会で正式採択された。データへの公正なアクセスと利用に関する権利・義務を定め、より広範なデータの利活用を促進することで、データエコノミーの拡大を狙うものである。

　データ法では、ネットワーク(インターネット)に接続された製品や関連サービスの使用を通じて生成されたデータの共有に関する規則を定めてお

り、ユーザーが生成したデータに容易にアクセスできるようにすることを目的としている。これにより、学習に膨大なデータが必要とされるAIにおける新サービス開発の加速や、IoTデバイスのアフターサービスや修理のコスト削減への貢献などを目指している。

　洪水や山火事などの緊急時には、公的機関が民間企業が保有するデータにアクセスし利用できるようにすることも規定している。

　EUは、データ保護規制が脆弱な国への違法なデータ移転やデータ漏洩を防ぐため、企業秘密と企業秘密保持者の明確な定義を行っている。また、特定の分野で競合する企業が、データを悪用してライバルのサービスや機器をリバースエンジニアリングすることも避けたいとしている。

　また、クラウドプロバイダー間の切替えを容易にし、違法な国際データ移転に対するセーフガードを設けるとしている。これにより、クラウドサービスの利用ユーザーに対する、プロバイダーの囲い込みが回避できるようになるとしている。

3.12.5　データの価値を社会が公正に受けるために必要なこと

　従来、デジタル・プラットフォーマーは、ユーザーのデータを分析活用することでユーザーの囲い込みを図るなどの取組みを進めてきた。

　EUのデータ関連4法は、プラットフォーマーによるユーザーの囲い込みを排除し、データの発生元であるユーザーがデータに基づく価値を受けることができるようになることを目指したものであり、そのためにプラットフォーマーの取組み手法の一部を強制的に開示することを目指していると考えられる。

　また、プラットフォーマーが保持するユーザーのデータが、信頼(トラスト)に値する情報であることを担保する義務も規定している。

　これにより、プラットフォーマーの競争優位性が今後損なわれることも考えられ、その対応のため、今後プラットフォーマーはデータ収集方法や分析手法の変更などを進めることも想定される。

3.12.6　データ提供者・利用者間の不公平の是正

　法的にはデータは無体物なので、所有権や占有権、用益物権、担保物権の対象にならず、データの利用権限には個別の契約などが必要になる。たとえば、プラットフォーマーのサービス利用時のユーザーの同意などがそれにあたる。

　一方、自動車の運転者と自動車メーカー、病院の患者と医師、買い物客と店舗、スマートフォンの利用者とキャリア、工場の機械利用者とリース・保守業者といったように世の中ではデータ化される対象者(ユーザー)とデータを取得して蓄積するデータ保持者が異なるケースも多くなっている。これに対応するためにデータ法では、データ保持者に対してユーザーや第三者からの求めに応じて迅速・無償・無差別にデータを提供する義務を規定している。データは無対物だが、その利用主体はデータの発生元であるユーザーであり、データ保持者はユーザーにデータを提供する義務があるという考え方には納得感がある。

　第三者へのデータ提供については、個人情報と関連付けられ、個人が特定されることによってユーザーに不利益が生じる可能性もあり、検討が必要であると考えられる。第三者提供によってたとえば、ユーザーから見ると予知・予兆保全のようなメリットが得られる可能性もあるが、第三者である保険会社が自動車の運転者のデータを利用して運転特性に応じて保険料を調整するといった使い方も考えられ、必ずしもユーザーにメリットが生じるとは限らない場合もある。データ保持者に対しても、ユーザーにデータを無償で提供するための作業量に見合うインセンティブが必要となるのではないだろうか。

　このようなプラットフォーマーの規制やデータ提供者と利用者間の不公平の是正などのルールづくりが進む中、どこまでデータの共用ができるのか、あるいはどこまで共用すべきなのかという点を企業や個人が検討していくことが求められるのではないだろうか。

3.13　ドイツの誰も取残さない仕組みづくり

3.13.1　労働4.0の背景

　昨今、IoT、AIなどのデジタル技術の活用が取上げられる中、新たな技術が既存の労働者の職を奪っていくといった懸念や人がやるべき仕事が継続的に変化するという懸念が広がっている。インダストリー4.0を提唱するドイツでも、「労働4.0(Arbeiten 4.0)」としてこうした懸念に対応するための取組みを進めてきている。

　年に1度、スイス・ダボスで開催されている世界経済フォーラム(WEF)の年次総会(World Economic Forum Annual Meeting：ダボス会議)において、2016年の主要テーマとして「Mastering the Fourth Industrial Revolution(第4次産業革命の理解)」が取上げられた。2016年に発行された「The Future of Jobs Report」には、2020年までに世界で約710万人の雇用が失われる一方、約200万人の新たな雇用が創出されるとの見通しが記されている。これ以降、Future of Jobs Reportは定期的に発行され、2023年のレポートでは2027年までに約8,300万人分の雇用が失われる一方、約6,900万人分の新たな雇用が創出されるとの見通しが記されている。

　2017年のダボス会議のテーマは「Responsive and Responsible Leadership(対応力と責任のあるリーダーシップ)」。ここでは、IoT、AIやロボット技術などのデジタル技術を軸とする第4次産業革命をどう進めるかが議論された。その中で注目すべきことは、新たなデジタル技術によって職を失い技術革新から取残された人々の強い不安が世界的なポピュリズムの高まりにつながっているのではないか、という問題意識が共有されたことである。

　続く2018年のダボス会議のテーマは「Creating a Shared Future in a Fractured World(分断された世界における共通の未来の創造)」であり、2019年のテーマは「Globalization 4.0：Creating a Global Architecture in the Age of the Fourth Industrial Revolution（グローバリゼーション4.0 ：第4次産業革命時代に創造するグローバル・アーキテクチャー)」、2020年は「Stakeholders for a Cohesive and Sustainable World(結束

力のあるサステナブルな世界のためのステークホルダー)」であった。新型コロナウイルスの影響で中止となった2021年のテーマとしては「The Great Reset(グレート・リセット)」が取上げられており、新型コロナウイルスによるパンデミックを機に、気候変動への対応、格差の是正、デジタル化による労働市場の変化に伴う社会変革などを求めるとしていた。2022年には「History at a Turning Point：Government Policies and Business Strategies(歴史の転換点：政策とビジネス戦略)」がテーマとして取上げられている。2023年のテーマは「Cooperation in a Fragmented World(分断された世界における協力)」であった。

このように、デジタル技術などの発達がもたらす恩恵だけでなく、雇用への悪影響が議論されるようになる中、企業の経営者からも情報格差を解消する若年層向け教育などの人材育成や、先端技術の透明性を高めるといった環境面の取組みが必要であるとの指摘が相次いだ。

それ以降もインダストリー4.0のロードマップをしっかりと示し、良い点も悪い点も隠さずステークホルダーと共有することの重要性やドイツだけでなく、EU全体での解決策の検討を進めることの必要性などが議論されている。

3.13.2　加速するドイツの労働問題への取組み

インダストリー4.0推進団体であるPlattform Industrie 4.0のワーキンググループにも「労働職業教育・継続教育」があり、産業界におけるデジタル化の進化に伴う労働問題に取組んでいる。この背景にはドイツ企業の経営面での特徴である、労働者・労働組合による広範な経営参加・共同決定がある。ドイツでは、企業の最高経営機関まで労働者側代表が正規の役員として参加、労働者と企業が共同で意思決定を行うことが法律で規定されている。

また、ドイツでは労働の未来に関する研究がさまざまな形で行われており、労働4.0として包括的に変革を捉える動きも加速しつつある。労働組合、学術界、政府がともに課題解決に向けて参加する仕組みが組織化されている。

新たな働き方の在り方を描き、対策や取組みを明確化することの重要性が認識されつつあると言える。

3.13.3　労働4.0に示された8つの政策アイデア

ドイツ連邦労働・社会省 (BMAS：Bundesministerium für Arbeit und Soziales) は2016年11月に、白書「労働4.0(Weißbuch Arbeiten 4.0)」を発表した。これは前述のように労働問題への取組みが重要視されるようになったことを受け、BMASで2015年4月から始まった対話プロジェクトの成果をまとめたもので、インダストリー4.0を見据えたデジタル化時代の労働・社会政策の在り方を対象としている。

この白書には8つの政策アイデアが示されている。

インダストリー4.0がもたらすデジタル化と労働4.0に関する議論は、この白書の提案がゴールというよりむしろスタートであった。労働4.0の実現に向けた対話型のプロジェクトは、継続的に続くことが想定される。

さまざまな価値観や利害によって生じる労使間などの対立においては、今後も交渉と妥協が繰り返されると思われる。国家には労働者各々のライフステージに合わせたスキルアップや支援を行い、社会保障制度を都度見直していく動きが継続的に求められるだろう。白書は、「労働4.0を通じて実施された多くの人々との真剣な議論を今後も継続することが未来の成功につながる」という言葉で締めくくられている。

現在、IoTやAIなどのデジタル技術の活用により、既存の労働者の職が奪われるという流れと、こういった技術が新たな雇用を生み出すという流れの2つが同時に発生している。職をデジタル技術に奪われた人が、新たに生み出された職に移り、そこでも能力を発揮するためには継続教育(リスキリング) が必要になる。世界的に少子高齢化の流れが進む中、デジタル技術により対応可能な業務はデジタル技術にシフトし、人は人でなければできない仕事にシフトしていくという、デジタル技術と人の分業もますます進むと考えられるが、それを支えるためには労働4.0のような、機会均等で継続教育を提供し続けるための仕組みづくりが求められるのではないだろうか。

1	就業能力	失業後に手当てや支援を受けながら再就職を目指す失業保険だけでなく、失業前から継続的な職業訓練を行ってスキルアップし、失業リスクを減らすという能動的かつ予防的な労働保険へのシフトの必要性が指摘されている。
2	労働時間	デジタル化により、労働する時間や場所の選択の柔軟度が向上する中、各労働者の自己決定権を尊重する必要性が指摘されている。
3	サービス業	良質な労働条件を維持、強化する必要性が指摘されている。
4	健康な仕事	「安全衛生4.0(Arbeitsschutz 4.0)」の取りまとめの必要性が指摘されている。少子高齢化やデジタル化の進展により、労働による身体的ストレスだけでなく精神的ストレスの問題にも焦点をあてる必要があり、この原因と労働者の健康に与える影響を把握する必要があるとしている。
5	データ保護	デジタル化とともに、データ保護の重要性が高まっており、高水準なデータ保護施策の確保の必要性が指摘されている。
6	共同決定と参加	労働組合と雇用主の間での労働条件などの決定のためのパートナーシップの構築の必要性が指摘されている。
7	自営業者の保護	自営業者の自由度を高めつつ、保護する施策の必要性が指摘されている。
8	社会福祉国家	未来の展望を描くことや、EU諸国と対話することの必要性が指摘されている。

図 3.23　労働 4.0 に示された 8 つの政策アイデア
(出典　ドイツ連邦労働・社会省 (BMAS：Bundesministerium für Arbeit und Soziales)：
「Weißbuch Arbeiten 4.0」を基に作成)

3.14　サステナブルな対応は協調領域へ

3.14.1　ESTAINIUM協会設立

　ハノーバーメッセ2022で、シーメンスはCO_2排出量データを交換するためのオープンエコシステム(ESTAINIUM協会：ESTAINIUM Association)を設立し、バリューチェーンの脱炭素化を目指すネットワークを14のパートナーとともに構築することを発表した。ここには、日本企業の株式会社NTTデータが含まれている。

　ESTAINIUM協会は、データに依存するのではなくアクチャルなカーボンフットプリントデータを大規模に共有できるようにするための世界初のエコシステムになることを目指すとしている。

　アクチャルなカーボンフットプリントデータの共有という意味は、計算が入る前の計測データを共有することによってサプライチェーンのプレイヤー間で、正しい情報を把握できるようにしようということだと思われる。

　最終製品のカーボンフットプリントを把握するためには、ネジ1本1本に至る部品のCO_2排出量を把握することが必要だが、1本1本のネジの製造時の排出量を個別に測定するのは困難である。現実には、たとえばネジ100本を製造したときの排出量を100で按分して排出量を求めるといった対応を行うことになるだろう。もし、100本中、10本不良品があったら、残りの90本で按分するということも行われるかもしれない。計算結果には、そういう心理的な力が働く可能性がある。

　ESTAINIUM協会は、その設立を通じて、サプライチェーンのプレイヤーがオープンにデータを共有することが重要であるというメッセージを発信しようとしているとも考えられる。

3.14.2　SiGREENとESTAINIUM

　シーメンスは、製品カーボンフットプリントをサプライヤー分も含めて集約、算出するツールSiGREENのサポートより企業は製品カーボンフットプリントをトラッキングできるようになり、定量評価が可能な目標とその削減策を講じることができるとしている。また、温室効果ガスの排出量

管理を行うことで、カーボンニュートラルなモノづくりを促進し、企業はサステナビリティを重要な競争力に変えることができるとしている。

　SiGREENでは、サプライヤーが持つ認証機関発行の証明書に記載された排出量値をセットメーカーが確認できるが、ブロックチェーン技術と分散型台帳技術を利用し、情報を1カ所に集めずにサプライヤーに置いて機密性を保持したまま運用できる仕組みとなっている。

　また、SiGREENは、ESTAINIUMに接続する際のゲートウエイとして利用でき、かつ、他のネットワークとの接続も可能であるとしている。

　SiGREENはESTAINIUMと連携することで、業界の平均値ではなく、アクチャルなデータを利用したカーボンフットプリントの算出が可能になるとしている。アクチャルな排出量データを用いることで、企業が容易かつ正確にカーボンフットプリントを評価できるようにしていくことが、その狙いであると思われる。

3.14.3　米独のカーボンレポーティング連携

　ハノーバーメッセ2023においては、Plattform Industrie 4.0のブースで、LNI4.0(Labs Network Industrie 4.0)と米国の研究機関であるCESMII(the Clean Energy Smart Manufacturing Innovation Institute：米国のスマート製造に関する国立研究機関)が、OPC UA(OPC Unified Architecture：産業オートメーションなどの業界で、安全で信頼性あるデータ交換を行うために策定されたオープンな国際標準規格)に準拠するSMP(Smart Manufacturing Profile：アプリケーション・データのインターオペラビリティが可能なプロトコル)とアセット管理シェル(AAS)を用いて、米独のサプライチェーンのカーボンレポーティングを連携することを発表し、実際にデモも行われていた。

　サプライチェーン・レジリエンスやカーボンレポーティングなどがグローバルな規模においてビジネス上の重要性が増していると対象であるという共通認識は米独間でも共通しているということではないだろうか。つまり、サステナビリティやレジリエンスへの対応は協調領域、オープンな領域だという認識なのだと考える。そして、こういったグローバルな社会課題に

取組むには、国際的な協調を強化するソリューションが必要だという共通認識が醸成され、企業間および企業内の製造プラットフォーム間で安全かつ管理された産業データのインターオペラビリティを実現するためには、サステナビリティ、サプライチェーンプロセス、生産性の分野で、エンド・ツー・エンドの産業プロセスの最適化を改善することが必要だという認識になっているのではないだろうか。

3.15　EU/ドイツが目指すサステナビリティ

　気候変動に対する危機感が世界的に高まる中、今後、すべての国や企業が連携・団結し、解決に取組んでいく必要がある時代になっていくと考えられる。欧米においてはカーボンニュートラルの時代をリードすべく、技術開発だけでなく法規制やルールづくり、新たな価値観の浸透を進めつつある。

　日本も、新たなエネルギーや社会インフラに投資し、再生可能エネルギー網や水素エネルギー技術、再生可能エネルギーを利用したモビリティ網などを世界に先駆けて確立させ、カーボンニュートラル時代において世界をリードする取組みを進める必要があると考えられる。しかし、日本においては、カーボンニュートラルを単なる省エネルギー、再生可能エネルギー化と捉えられているのではないかとの懸念がある。

　一方、インダストリー4.0の目指すサステナビリティは単なる省エネルギー、再生可能エネルギー化ではない。日本においても、今後は個別の取組みではなく産業全体、社会全体のカーボンニュートラルに向けた新たな産業基盤構築が必要となるのではないだろうか。

　再生可能エネルギーに目を向けてみると、脱炭素化の潮流の中で、日本政府は企業への再生可能エネルギー活用支援を強化する方針を打ち出している。しかしながら、日本では再生可能エネルギーの調達コストが高いために普及が遅れており、このコストを急激に下げるのは難しいと思われる。こういった課題を解決するために、エネルギー・社会インフラ領域におい

てもデジタル技術を活用し、再生可能エネルギーの発電効率や利用効率を
上げるなど、次のパラダイムに移行しようとする動きが進んでいる。

　日本においても、従来の規制/ルール・商習慣/慣行・業務プロセス・製
品企画/設計などの見直しを行わないと次のパラダイムへの移行はできない
と思われ、企業だけでなく国・地方自治体・市民・産業界全体が、協働し
て取組むことが求められるのではないだろうか。

第4章

日本企業は
いかに取組むべきか

最終章となる本章では昨今のEU/ドイツの動きの
トレンドや最新技術活用の動きをまとめる。また、
日本企業がいかに世界の動きを捉え、対応していく
べきかについて述べる。

4.1　異なる意見の中でデータ共有を目指す

　ここで、EUにおける意見集約のアプローチについて述べたい。

　EUにおいては異なる派閥があっても、とりあえず情報を共有し、お互いの状況を見て、今日は違うかもしれないけれども近未来に統合した枠組みができると良いという雰囲気で議論することが多いような印象を持っている。

　日本では白黒はっきりさせてしまう傾向があり、そこから議論が先に進まないことが多いような印象を持っているが、EUの場合は違いをある程度理解し、先を見据えて議論をしているように見える。GAIA-XもCatena-Xもそれ以外の団体やプロジェクトも同じアプローチであると思われる。

　EUでは多くの団体が活動し、ディスカッションしている。また、各団体に同じ企業のメンバーが入っていることもあり、その間で調整しながら徐々に意見を寄せているようにも見える。

　トップダウンで決められたアーキテクチャーに沿って設計されたことをそれぞれ進めているのではなく、ディセントラライズド（非中央集権型）でいろいろな人たちがバラバラに取組んでおり、その状態の中で情報を共有しながら少しずつ意見を集約していっているのがEUの強みなのではないだろうか。一方、EUはエコシステムづくりに注力しているが、その結果、エコシステム対エコシステムという構図になってしまう可能性もあるのではないだろうか。

　エコシステム同士の争いのようなものもあるのだと思うが、多くの取組みはその中でも調整しながら決まっていくような気がする。市場が決める部分と、欧州委員会や企業や国がロビー活動を展開する中で決まっていく部分があるのではないだろうか。

　EUは、それぞれの違いを調整し、とにかくひとつにまとめるということを目指しているわけではなく、ディスカッションの中で自然に収束していくような形で意見を寄せていくような進め方を取っているような印象を持っている。

4.2 昨今のEU/ドイツの動きのトレンド

昨今のEU/ドイツの動きのトレンドについて3つにまとめていきたい。

4.2.1 ソフトウェア比重の高まり

1つめは、ソフトウェア比重の高まり(ソフトウェア・デファインド化)である。この流れに呼応する形で、モノ企業からデジタル企業へのポートフォリオシフトが進んでいる。M&Aやグループ戦略を通じて企業を変革させ、サプライチェーンやエンジニアリングチェーンをエンド・ツー・エンドでサポートすることで顧客経験価値向上を目指すプレイヤーが増加している。

(1)シュナイダーエレクトリックの取組み

フランスの世界的な電気機器・産業機器メーカーで、エネルギーマネジメントとオートメーションのスペシャリスト企業であるシュナイダーエレクトリック(Schneider Electric)は、英国に本社を置くエンジニアリング・ソフトウェアプロバイダーであり、包括的なDXの実現を支えるソリューションを提供するAVEVAを2023年に買収し、ドイツの産業用制御、MESソフトウェアのサプライヤーであり、DCS(Distributed Control System:分散制御システム)を提供するProLeitを2020年に買収した。また、AVEVAはオペレーショナルデータを一元管理できる高い汎用性を備えたIoT情報基盤である「PI System」の開発・提供を行う米国のOSIsoftを2021年に買収している。

これにより、シュナイダーエレクトリックのポートフォリオは大きくデジタル領域にシフトし、AVEVAのポートフォリオも広がった。従来シュナイダーエレクトリックが持っていたフィジカルのモノのデータを企業にインサイトを与えるデータへ進化させる土壌ができたと言えるのではないだろうか。

(2) ダッソー・システムズの取組み

　フランスのダッソー・システムズは、ソリューションの拡大のためにソリューションベンダーを継続的に買収し、顧客業界ごとにマッピングをしながら事業展開を図っている。また、顧客提供時に得たケイパビリティを過去に買収したソリューションも含む自社ソリューションに反映をし、カスタマイズによって顧客がバージョンアップの際の制約を受けないように配慮しながら自社製品の機能強化も進めている。

　たとえば、ダッソー・システムズは2010年にフランスの組込みシステム・ソリューションベンダであるGeensoftを、2007年にスタイリング、高品質サーフェスモデリング、レンダリング・ソリューションのリーディング・プロバイダーであり、自動車業界においては圧倒的なシェアを持つ英国のICEMを買収し、「CATIA」ブランドに統合するなど複数のソリューションベンダーを買収し、CATIAブランドを強化している。

　1998年には、IBMのProduct Data Management（PDM）事業を買収し、コラボレーションソリューションである「ENOVIA」ブランドを設立した。その後、複数のソリューションベンダーを買収し、ENOVIAブランドに統合することで、BOM管理、プロジェクト管理、要件管理などCADデータを取巻くさまざまな用途のデータをつなげて一元管理することなどを可能としている。

　2000年には、Deneb、Safework、DELTAを買収・統合し、製造オペレーション管理・最適化などを支援するソリューションである「DELMIA」ブランドを設立した。その後、複数のソリューションベンダーを買収し、DELMIAブランドに統合することで、製造オペレーション最適化の支援、工程間の連携、モデル化、最適化、実行などを可能にしている。

　2005年には、Abaqusを買収し、シミュレーションソリューションである「SIMULIA」ブランドを設立した。その後、複数のソリューションベンダーを買収し、SIMULIAブランドに統合することで、設計プロセスと連携した性能評価や、最先端の研究を支える大規模で複雑なシミュレーションといった、リアリスティック・シミュレーション機能を使用した製品の実稼働検証を可能にしている。

　2018年には、モデルベースのシステムズ・エンジニアリング、ソフト

ウェアアーキテクチャーやビジネスプロセスのモデリングソリューションで業界をリードするNo Magicを買収し、システムズ・エンジニアリングの裾野を広げ、「3DEXPERIENCEプラットフォーム」の用途を航空宇宙、モビリティ、ハイテク業界など組込みシステム設計全般に拡大している。

　2022年には、フランスのARソリューションベンダーであるDiotaを買収している。これにより、ダッソー・システムズにはバーチャルツイン、PLM（BOM）、MES、ARなどのソリューションが揃い、これらを組合せ、エンジニアリングチェーン上で顧客の顧客経験価値を高めるユースケースが実現可能になったとしている。

(3)EPLANグループの取組み

　電気回路設計および電気工学用のCADソフトウェアの世界的メーカーであるドイツのEPLANグループは、電気産業、電子産業向けの自動化ソフトウェアソリューションを用い、これらの領域でもエンジニアリングチェーンをデジタルツインでつなぐことが重要であることを訴求している。「オートメーションツイン」「プロダクトツイン」「プロダクションツイン」の3つのデジタルツインで電気設計から配線、実行まで、一連して実行管理が可能であるとしており、メカ設計や電気設計のデジタルデータを用い、製造までのプロセスをクラウドで支援することが可能であるとしている。しかし、そういった場合にも実現場を担うフィジカルのプレイヤーがいなければエンド・ツー・エンドでのサービスは実現できないとしており、EPLANグループではRittalがその役割を担い、最適な製品を提供している。

　サイバーを担うプレイヤーとフィジカルを担うプレイヤーの両方が連携することが重要であると言えるのではないだろうか。

(4)SAPの取組み

　ビジネス向けソフトウェアの開発・提供などを行う大手ソフトウェア企業であるドイツのSAPは世の中の変化が速く、不透明さが増す中、レジリエンスを高めるためには、

①Connect：社内の業務やサプライチェーン全体のビジネスプロセスをつなぐ

②Contextualize：データを単なる情報に留めず、AIなどが導き出すインサイトによる高度な意思決定を行う

③Collaborate：社外エコシステム（パートナーやサプライヤー）との相互連携による課題解決を行う

の3つのCがポイントになるとしている。

　SAPは、サステナブルな社会やレジリエンスを備えたサプライチェーンの実現が目指される中で、企業にはマーケットコンディションに応じたトランスフォーメーションが求められるようになり、サステナビリティもビジネスネットワークも含めた広義のサプライチェーンの全体最適が求められるようになるとしている。

　そのために重要なのは、グローバルサプライチェーンやマニュファクチャリングソフトウェア・ツールであり、現在のSAPのスタンスはさまざまなプレイヤーと連携しながら、カスタマーセントリックを実現するこれらのプロダクトをより早く、より低コストで市場に投入することを支援するというものであると感じる。Catena-Xの推進やDPPの対応、アセット管理シェル（AAS）ベースでのデジタルツインの実現や連携といった、標準化、エコシステムの実現に強くコミットしている点もSAPのポイントと言える。

4.2.2　個社で戦う時代から、エコシステム同士で戦う時代へ

　2つめは、ソフトウェアの比重の高まり(ソフトウェア・デファインド化)やエコシステムづくりの動きにより、個社で戦う時代から、エコシステム同士で戦う時代になっていくことが予想されることである。今後は、どのようにエコシステムを構築し、どのエコシステムに参加していくのかを意識する必要があると考える。たとえば、カーボンニュートラル、サーキュラーエコノミーというキーワードを使いながら、ソフトウェアの比重を高めつつ、エコシステムの中で解決しようとするような動きが増えていくのではないだろうか。

　また、複数のエコシステムが連携し、さらに大きなエコシステムづくり
が進む可能性も考えられる。

4.2.3　データ共有圏の取組みの加速

　3つめは、データ共有圏の取組みの加速である。従来からEUでは、デー
タスペースが、企業や社会全体で主権、インターオペラビリティ、信頼性
のあるデータ共有を実現するためのキーとなり、データエコノミーへの重
要な一歩となると言われてきた。

　つながる仕組みの実現においてアセット管理シェル（AAS）がグローバ
ルスタンダードになり、AASをベースとしたデジタルツインがインターオ
ペラビリティを支えるという構図が見えてきた。その具体的な手段として、
GAIA-X、Catena-X、Manufacturing-X 、Cofinity-Xといった団体やプ
ロジェクトが設立され、つながりをつくっていくという動きが今後も継続
していくと考えられる。

4.3　データガバナンスが効かない日本の課題

　多くの日本企業には企業内のデータガバナンスが効かず属人的で、たと
えば、工場部門と営業部門の利用する言葉も異なるといった課題がある。

　こうした状況のままだと、データ連携基盤のエコシステムに参加し、外
部連携したとしても、大量に入ってきた外部データの読合せや変換に多く
の企業が苦労し、皆でデータの読替えや変換をするようなことになること
も考えられる。現状は社内の組織間で人が翻訳しながら伝えて何とか機能
しているような状況の日本企業の場合、特にその影響は顕著になるのでは
ないだろうか。

　一方、EUが目指すのは、外部データを自動的にシステムに取込むことで
あり、外部とつながっても、各データが各々の部門にとってはどのような
意味を持つかを理解しながら自動処理できる状態にしていくことである。

　今後、カーボンニュートラルやサーキュラーエコノミーといったサステ

ナブルな取組みや、新型コロナウイルスの蔓延、米中の分断やロシアのウクライナ侵略といった地政学的なリスクに対応するためのレジリエンスなサプライチェーンの実現がますます求められるようになる。このような1社だけでは解決できない大きな社会課題に、他社と連携しながら取組んでいくことが求められる中、データ連携基盤への対応は日本においてもその重要度が高まっていくと考える。

前述のように、EU/ドイツでは、Catena-Xの成果を製造業のセクター横断に広げるManufacturing-Xの取組みなども始まっており、製造業全体で同様の動きが進んでいくと想定される中、日本企業にも、こういったデータ連携基盤への参加や情報把握が求められるのではないだろうか。

4.4　欧米における最新技術活用の動き

欧米では、インダストリアル・メタバースや生成AI活用といった、最新技術活用の動きも進んでいる。

すでに紹介したように、インダストリアル・メタバースとは、離れた場所にいる技術者が、時間や場所の壁を越えて共同作業ができるようにすることを目指したものであり、実用化されれば製造業の現場に革新的な変化をもたらすと考えられる。

IoTでデータを取得し、そのデータを見える化してさまざまな判断に役立てる取組みは多くの企業ですでに進んでいるが、あらゆるデータを可視化し、デジタルツイン上でシミュレーションまで行えるようにすることや、コミュニケーションの部分までデジタル空間で行えるようにすることなどが今後求められる。離れた場所にいる人同士だけでなく機械もアバター化し、デジタル空間上で寄り添うようなコミュニケーションがとれるようになれば、製造業におけるビジネスや現場のコミュニケーションの在り方は大きく変わるだろう。

また、サイロ化されたデータの統合・利活用を進めるためのソリューション活用も重要になる。こういったソリューションを用い、事業部門ごとに

取得されていたサイロ化されたデータを企業内、企業間で統合・活用していくような動きが今後進むと考えられる。前述のようにデータ連携基盤構築の動きが加速し、外部連携により怒涛のようにデータが入ってきた際にも、多くの企業がデータの変換に苦労することにならないようにするためにも有効なソリューションとなると考える。社外とのつながりが増えることで、全産業における共通課題となるデータ管理インフラ活用の課題を解決していくのではないだろうか。

　産業領域における、生成AI活用に向けた動きも活発化している。特に、いろいろなデータをマッシュアップして活用するようなシーンでは用途が広がるのではないだろうか。人とのインタラクティブなコミュニケーションで情報を絞り込んだり、定型メールをつくったり、カメラと組合せて画像検査を行うといった活用により生産性の大幅な向上が実現される可能性も考えられる。まだリスクを懸念する人も多い中で、PLCのラダー言語のプログラムの開発に利用してみるなど、まず利用してから考えようという動きも見られる。

　設備保全やメンテナンスの記録など、さまざまなところに分散しているデータを学習させ、新たな障害が発生した際に過去の類似事例をレコメンドしてもらうといった使い方も考えられる。企業の属人化したプロセスで、情報が分散している状態をうまくまとめられると考えれば、有効な使い道が出てくるのではないだろうか。日本の場合、現場は特に属人的で、きちんとデータが整理されていないので、こういう技術を使いながら何かしらの対応ができるということはひとつの可能性になると考える。

4.5　EUの動きと日本企業への影響

　昨今のEUの動きと日本企業への影響をまとめていきたい。

　1つめは、サステナビリティやレジリエンス意識の高まりである。DPPの法令化への対応など具体的に対応しなければいけないことを含め、ユースケースの具現化が着実に進むのではないだろうか。

　2つめは、新たな技術の積極的な産業利用である。これにより、組織・エコシステム・企業間、クライアントや顧客とのコラボレーションの在り方、人にしかできない仕事が大きく変化すると考えられ、継続的教育の必要性も増加していくと思われる。労働4.0の重要性が再認識されるのではないだろうか。

　3つめは、プラットフォーム・エコシステム構想、データ共有圏の取組みの動きの大幅な前進である。これに伴い、水平垂直方向のプレイヤーの連携、双方を巻込んだエコシステム構築が確実に進展していくだろう。

4.6　日本企業に求められる変化

　以前より、欧米はデファクト・スタンダード（市場での使用実績による事実上の標準）やデジュール・スタンダード（公的な標準化組織が策定する標準）を主導してきた一方、日本は要素技術開発主導で産業・事業を考えると言われてきた。日本では標準化は利益にならないという意見も聞くが、EUはルールメイクによって巧妙に仕掛け、利益がもたらされる構造にしようとしている。

　たとえば、サーキュラーエコノミーの実現においても、モノが不要になっても全部を廃棄せずに次の人に引き継いでもらうために、ネットワークでつながっている方が取組みやすいはずである。エネルギーの循環にもモノの循環にも、デジタルでつながる仕掛けが求められるのではないだろうか。

　カーボンニュートラルやサーキュラーエコノミーといった地球規模の課題に対応するためには、データをデジタルでつなぎ合う仕組みが必須になっていくと考える。

　EU/ドイツではDXの価値は独立した単一のプラットフォームでは生まれず、さまざまなソフトウェアやハードウェアの組合せによって成り立つものであるという認識が強くなってきているのではないだろうか。

　大規模なプラットフォーム・エコシステム実現においては、容易につながる仕組みをつくるための協調領域（オープン）の取組みと、エコシステム

内で各プレイヤーが提供するソフトウェアやハードウェア・サービスなど
により各社が享受するベネフイットをもたらす競争領域(クローズ)の取組
みのバランスが重要であるが、この重要性に対する認識がますます高まる
のではないだろうか。

　日本企業のサプライチェーンがグローバルに広がり、その強靭性・安定
性を確保していくことを考えると、データ共有圏の仕組みづくりの動きは、
日本にとって関係のない遠い国の取組みではなくなっている。

　また、もし、日本でデータ共有圏の仕組みづくりが進まなかったり、進
んでも、その仕組みがグローバルと相いれない日本独自のものであったり
すると、グローバルサプライチェーンから取残されるリスクも懸念される。

　日本企業が将来生じ得るさまざまな課題や変化に対応し生き残っていくた
めには、いままで以上にDXによる企業変革を推進することが求められる。

4.7　DXに取組む日本の製造業への処方箋

　従来の日本の製造業においては、そのビジネスモデル、業務 (ルール)、組
織はモノづくりの個々の現場に部分最適化されており、企業の取組みは既
存ビジネスの延長線上での効率化である業務改善に偏重する傾向があった。

　日本の製造業がDXに取組んでいくためにはまず、このような問題意識
を全社で共有していくことが必要であることは言うまでもない。しかし、
問題意識が共有できたとしても、次の一歩を踏み出せないという体質が日
本企業には内在しているのではないだろうか。

　この体質を改善する処方箋は4つあると考える。

　1つめは、日本企業の現場は現場・現物・現実という三現主義で成り立っ
てきており、これが強い現場を支えてきたことにある。この強みを活かし
つつ、現場から採取したファクト情報にビジネス情報、設計情報などを組
合せ、ビジネスに活用していく取組みが必要となる。そのためには、これ
らの情報を組合せ、活用するためのデジタルツインを実現し、ビジネスや
モノづくりの現場にフィードバックすべき最善の策を見つけだしていくと

159

いったデジタルの世界と現場とが共存していく仕組みづくりが必要になる。

　2つめは、ROIが明確になってから新技術を導入するといった考え方（ROI主義）や、実証できているモノ、実績あるモノを利用したいといった考え方（先例主義）の壁を取払い、ファーストペンギンになることである。

　3つめは、モノづくり偏重の発想からいかに脱却するかである。どうつくるかだけでなく、どう使われるのか、使われる可能性があるのかといった、モノが使われる利用シーン全体を俯瞰することが必要であり、そのためには、システム思考やデザイン思考が必要となる。

　4つめは、トップのリーダーシップによるスピード感を持った改革推進を進めることである。

　独立行政法人 情報処理推進機構（IPA）の「IPA DX白書2023」を見ると、日本企業では、経営者・IT部門・業務部門が協調できている（「十分にできている」「まあまあできている」の合計）が37.1％に留まるが、米国企業では80.1％となっている。部門間などの組織の壁を越えた協力・協業についても同様の傾向を示しており、DX推進の課題となっていると考えられる。

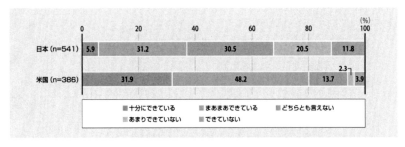

図4.1　経営者・IT部門・業務部門の協調
（出典　独立行政法人 情報処理推進機構（IPA）：「IPA DX白書2023」．図表1-15
https://www.ipa.go.jp/publish/wp-dx/dx-2023.html）

　こういった課題を克服し、組織の壁を超えた企業変革の推進体制をつくっていくことが重要なのではないだろうか。変化に対応し、変化を起こすためには、日本企業の体質を革新し、いかに欧米のスピードに並び、勝てる体質に変革していくかが重要となるだろう。

4.8　日本は産業データ活用にどう取組むべきか

　米国GAFAMや中国BATなどを見てもわかるように、デジタル社会の特徴のひとつに、勝ち組がより強くなるということがある。デジタルプラットフォームサービスの利用によりコストが下がることを考えれば、それを提供する企業と取引するほうが、ユーザーにとってのメリットも大きくなる。サービスなどのコストがゼロに近くなれば、勝ち組プレイヤーによる寡占化がさらに進む可能性もあり、実際にコンシューマ分野ではこういった動きが起きている。デジタル社会で成功したプレイヤーが、デジタルの力を用いサステナビリティやレジリエンスへの対応といった社会的な課題にもきちんと取組み、それを解決していることを説得力を持って伝えることができれば、さらに力を増していくだろう。

　こういった米国や中国の動きに対して、EU/ドイツは、モノに関するデータの流通とデータガバナンスを用い、社会全体にデータの恩恵を配分するという政策を進めている。ドイツと同様、モノづくりに強みを持つ日本においても目指すべき方向性は一致していると考えられ、「産業データ版」のデータ連携基盤の必要性が以前から訴えられてきたが、なかなか前進が見られない。多くの自治体などがオープンデータの整備や活用などの取組みに着手しており、公共交通、農業、漁業などの小規模なデータ基盤が次々と立ち上がっているものの、日本全体ではどうするのか、他の業界とはどう連携するのか、といった議論が進んでいるようには見えない。

　その理由のひとつに、企業間のデータ共有の推進においてはオープン化が欠かせず、クローズにする部分とオープンにする部分をきちんと分けることが大事になるにも関わらず、多くの日本企業は外部仕様も内部仕様もクローズにしがちだということがある。こういった、クローズ戦略をとる企業が多い日本において、製造業がスマートファクトリーのような領域のデータをいきなりオープンにするのはハードルが高いのかもしれない。

　一方、カーボンニュートラルやサーキュラーエコノミーなどのサステナブルな領域については、すべての企業が取組まなければならないことなので、オープン化に向けたハードルを下げることができるのではないだろうか。

実際には隠さなければいけないデータは思うほど多くないと考えられるが、社会的な要請で企業間のデータ共有に取組む必要が出てきたときに、まず、その部分でEU/ドイツなどのプレイヤーと連携や協力を進めつつ、日本企業の考え方を徐々にオープンに変えていくことも選択肢のひとつではないだろうか。そのためには、日本企業の強みをサステナビリティやレジリエンスの領域に向け、その強みをグローバルに対しても上手にアプローチできるようにすることが必要ではないだろうか。今後インダストリー4.0の目指す世界が本格的に到来すれば、デジタル化の進展と社会課題の解決は、これまで以上に表裏一体の関係になっていくと考えられる。

　EU/ドイツにおいては、モノづくりのサプライチェーンデータ連携の動きにも拍車がかかってくると見られる。この点においては、日本の製造現場で収集できる、粒度、精度、品質などがそろったデータの強みを生かすことが可能ではないだろうか。従来、日本企業は自動車、工作機械、ロボット、精密機器などのモノづくりで培ったボトムアップ型の技術力向上の取組みをその強さの源泉としてきた。日本のモノづくり現場では匠と呼ばれる熟練技術者が長年に渡って蓄積してきたノウハウや技術がガイドとして生かされているため、日本の製造現場で収集できる個々のデータは、粒度、精度、品質などがそろっている。ビジネスドメインの価値が高いところから生み出されるデータは相対的に価値が高くなると考えられる。日本も自らの強さを再認識すべきではないだろうか。少子高齢化が進み、国内市場が縮小する中、日本がグローバルにその市場を求めていかなければならないことも事実であり、このことを考えると、EU/ドイツとのデータ連携基盤領域における連携、協力も必要となっていくのではないだろうか。日本が持つ強みを活用しながら、EU/ドイツとの連携も視野に入れた「産業データ活用」の取組みを進めていくことも、日本の選択肢のひとつとなるだろう。

おわりに

　新型コロナウイルスの蔓延、米中の分断やロシアのウクライナ侵略など
の地政学的リスクによるサプライチェーンの分断などが起き、その対応が
必要であるとの認識が世界的に高まる中、企業には今後、サプライチェーン
の強靱化・安定化がますます求められるようになる。また、カーボンニュー
トラルやサーキュラーエコノミーといったサステナブルな取組みの推進も
求められる中、それらの実現スピードを飛躍的に高めるカギはDXにある。

　これまでの日本の製造業のサプライチェーンは、グループ内の企業間や
既存の取引関係における固定的なものが中心であったが、そこには平時に
おいては高い生産性を発揮できるというメリットもあった。一方、サステ
ナブルでレジリエンスな取組みを推進し、多様化する個々の顧客ニーズに
スピーディに対応していくためには、従来のモノづくりのためのサプライ
チェーンを超えた、エコシステムの実現が求められる。

　本書でも取上げたように、EU/ドイツではGAIA-XやCatena-Xなどに
よるオープンなデータ連携基盤構築が進んでいる。今後加速する日本の少
子高齢化は、生産年齢人口の減少だけではなく、国内市場の縮小をももた
らし、その結果、日本の製造業のサプライチェーンがグローバルに広がら
ざるを得ないということなども考えると、こういったデータ共有圏の仕組
みづくりの動きは、日本にとって関係のない遠い国の取組みではなくなっ
ている。

　一方、DXの取組みが進む企業においては、取組みを推進できる人材の
確保・育成が共通課題となりつつある。人材に関する重要度が高まる中で
人材の不足感が顕著になり、社内人材の育成(リスキリング)や外部人材の
確保に向けた取組みが始まっている。日本の製造業が、将来生じ得るさま
ざまな課題や変化に対応し生き残っていくためには、今まで以上にDXに
よる企業変革の取組みが求められ、経営層をはじめ企業全体が課題を理解
して本気で取組むことが望まれる。グローバルに広がるサプライチェーン
の強靱性・安定性を確保していくためのDX推進の取組みは、ハードウェ
ア、ソフトウェアをまたいだより大きな視野で進めていく必要があり、こ
れらを担う多様な組織や人材を社内外で確保・育成していくことも、企業

にとってますます重要な取組みになっていくだろう。また、DXの推進においては、経営層のコミットメントが重要であることを考えると、人材の確保・育成の取組みにおいては、ボトムアップ型の人材育成(リスキリング)によって、担当者のケイパビリティを高めるだけでなく、CxO経験者などトップダウン型の人材活用による経営層の意識改革なども必要になっていくと考える。現在、日本企業のDX推進の意識は、事業を成長させることより、既存ビジネスの延長線上での効率化を進めることに向いていることが各種調査から伺える。事業を成長させることに寄与するような取組みが推進できるのは経営層である一方、日本においては、経営層の取組み割合が低いため、本質的なDXの取組みに至っていない企業が多いのではないかと推察される。今後、DXの取組みをより本質的なものに変えていくためには、経営層への啓発が重要になるとともに、現場のオペレーションレベルを担うマネージャー層のリテラシーを高め、より上位層の意識レベルでDXの取組みを捉えるように変えていく必要があると考える。現場にITやデジタルのツールを導入すれば、自社のDXは進捗するという考え方からマネージャー層の意識を脱却させることと、経営層の積極関与を促すことの両方が日本企業のDX推進には求められる。

　新たな事業オペレーションや働き方、協創などのイノベーション、それを実現するためのインフラやプラットフォーム構築なども求められることになるが、そのための施策の多くはDXにつながると思われる。自らをどう変革すべきかが問われているいま、スピード感を持ってDXを推進することは、企業の生き残りにとってより一層重要なテーマとなっていくのではないだろうか。例えば、カーボンニュートラルにおいても、従来のさまざまなビジネスモデルと同様に、削減したCO_2排出枠を販売して収益化するなどの新たなビジネスモデルを早期に検討し、先行者として自社で自ら実践し利益を得るとともに、そのノウハウを蓄積し他社へのコンサルティングサービスとして提供できれば、その先行者は大きな果実を得ることになっていくと思われる。欧米の動きに従うだけではなく、積極的に攻めの姿勢で取組む日本企業が増えていくことを期待し、あとがきに変えたいと思う。

　末筆になったが、本書の執筆にあたり情報の提供および確認をいただいた株式会社ミスミグループ本社および株式会社DTダイナミクス　吉田 光伸氏、株式会社ミスミグループ本社　松原 由貴氏、株式会社コアコンセプト・テクノロジーおよび株式会社DTダイナミクス　田口 紀成氏、株式会社コアコンセプト・テクノロジー　幡井 梨花氏、ベッコフオートメーション株式会社　川野 俊充氏、マイクロソフトコーポレーション　濱口 猛智氏、日本マイクロソフト株式会社　鈴木 靖隆氏、シュナイダーエレクトリックホールディングス株式会社　角田 裕也氏、アヴィバ株式会社　村林 智氏、ダッソー・システムズ株式会社　飯田 浩二氏、藤井 宏樹氏、楊 雯氏、加藤 綾子氏、EPLAN株式会社　井形 哲三氏、リタール株式会社　新岡 卓氏、つぎて合同会社　西野 聡子氏、SAPジャパン株式会社　柳浦 健一郎氏、シェアエックス株式会社　中川 りょう氏、フエニックス・コンタクト株式会社　横見 光氏、Mitsubishi Electric Europe B.V.　馬場 丈典氏、ロボット革命・産業IoTイニシアティブ協議会(RRI)　水上 潔氏、中島 一雄氏、東芝エレベータ株式会社　木村 和生氏、東芝ネクストクラフトベルケ株式会社　新貝 英己氏、東芝デジタルソリューション株式会社　中間 雅彦氏、株式会社東芝　片岡 欣夫氏(順不同、敬称略)に感謝を申し上げる。

　また、本書の執筆・編集にあたっては、株式会社近代科学社　伊藤 雅英氏、赤木 恭平氏に大変お世話になり、そのご尽力に心より感謝を申し上げたい。

2023年初冬

福本 勲

参考文献

[1] 福本勲：ビジネス+IT/SeizoTrend，「連載：第4次産業革命のビジネス実務論」，SBクリエイティブ株式会社.
https://www.sbbit.jp/article/cont1/76706

[2] 福本勲・鍋野敬一郎・幸坂知樹：『デジタルファースト・ソサエティ』，日刊工業新聞社 (2019).

[3] 高梨千賀子・福本勲・中島震：『デジタル・プラットフォーム解体新書』，近代科学社 (2019).

[4] 東芝デジタルソリューションズ株式会社：「DiGiTAL CONVENTiON」.
https://www.global.toshiba/jp/company/digitalsolution/articles/digicon.html

[5] 福本勲：PLAZMA by TREASURE DATA，「福本勲の「プラットフォーム・エコシステム」見聞録」，トレジャーデータ株式会社.
https://plazma.treasuredata.co.jp/author/author-fukumoto-isao/

[6] 福本勲：GLOBIS知見録，「欧州発の産業エコシステムとOpenAIは、日本の製造業にどう影響する？～福本勲」，株式会社グロービス.
https://www.youtube.com/watch?v=cugs9y74LW8

[7] 福本勲：GLOBIS知見録，「製造業DXとカーボンニュートラルへの挑戦～福本勲」，株式会社グロービス.
https://www.youtube.com/watch?v=yUNtRb2AJS0

[8] ロボット革命イニシアティブ協議会：「Plattform Industrie 4.0 の管理シェルの概要 調査報告書」，(2018).
https://www.jmfrri.gr.jp/content/files/Open/2018/20180920_AdShell/Report_AdministrationShell.pdf

[9] Legislative Library：「EU Batteries Regulation: Full text of the Regulation EU 2023/1542 of the European Parliament and the Council of 12 July 2023, Independently published」，(2023).

[10] 欧州議会：「AI Act: a step closer to the first rules on Artificial Intelligence」，(2023年5月).
https://www.europarl.europa.eu/news/en/press-room/20230505IPR84904/ai-act-a-step-closer-to-the-first-rules-on-artificial-intelligence

[11] 欧州議会：「Adopted text 14 June 2023」，(2023年6月).
https://www.europarl.europa.eu/doceo/document/TA-9-2023-0236_EN.html

[12] 欧州議会：「Making batteries more sustainable, more durable and better-performing」，(2023年6月).
https://www.europarl.europa.eu/news/en/press-room/20230609IPR96210/making-batteries-more-sustainable-more-durable-and-better-performing

[13] 環境省：「自動車リサイクルのカーボンニュートラル及び3Rの推進・質の向上に向けた検討会」，(2022年～).
https://www.env.go.jp/recycle/car/page_00347.html

[14] 経済産業省：「我が国のAIガバナンスの在り方ver1.1」，(2021年7月)．
https://www.meti.go.jp/shingikai/mono_info_service/ai_shakai_jisso/
2021070901_report.html

[15] 経済産業省：「カーボンクレジット・レポート」，(2022年6月)．
https://www.meti.go.jp/shingikai/energy_environment/carbon_credit/
20220627_report.html

[16] 総務省：「AIネットワーク社会推進会議 資料」，(2016年〜)．
https://www.soumu.go.jp/main_sosiki/kenkyu/ai_network/index.html

[17] GAIA-X ホームページ．
https://gaia-x.eu/

[18] Catena-X ホームページ．
https://catena-x.net/

[19] Cofinity-X ホームページ．
https://www.cofinity-x.com/

[20] Eclipse Tractus-X ホームページ．
https://eclipse-tractusx.github.io/aboutus

[21] Sight Machine：「Sight Machine Factory CoPilot Democratizes Industrial Data With Generative AI」．
https://sightmachine.com/press/factory-copilot-generative-ai-manufacturing/

[22] 内閣府：「令和5年版高齢社会白書」，(2023年6月)．
https://www8.cao.go.jp/kourei/whitepaper/w-2023/zenbun/05pdf_index.html

[23] 独立行政法人情報処理推進機構(IPA)：「IPA DX白書2023」，(2023年2月)．
https://www.ipa.go.jp/publish/wp-dx/dx-2023.html

[24] 独立行政法人情報処理推進機構(IPA)：「IT人材白書2017」，(2017年4月)．

[25] 経済産業省, 厚生労働省, 文部科学省：「2023年版ものづくり白書」，(2023年6月)．
https://www.meti.go.jp/report/whitepaper/mono/2023/index.html

[26] 経済産業省, 厚生労働省, 文部科学省：「2020年版ものづくり白書」，(2020年5月)．
https://www.meti.go.jp/report/whitepaper/mono/2020/index.html

[27] Plattform Industrie 4.0：「RAMI4.0 – a reference framework for digitalisation」，(2018年9月)．
https://www.plattform-i40.de/IP/Redaktion/EN/Downloads/Publikation/
rami40-an-introduction.pdf

[28] ドイツ連邦労働・社会省(BMAS：Bundesministerium für Arbeit und Soziales)「Weißbuch Arbeiten 4.0」，(2016年11月)．
https://www.bmas.de/DE/Service/Publikationen/Broschueren/
a883-weissbuch.html

[29] 資源エネルギー庁：「2023年版エネルギー白書」，(2023年6月)．
https://www.enecho.meti.go.jp/about/whitepaper/2023/

[30] 資源エネルギー庁：「2021年版エネルギー白書」，(2021年6月)．
https://www.enecho.meti.go.jp/about/whitepaper/2021/

[31] 環境省：「グリーン・バリューチェーンプラットフォーム」.
https://www.env.go.jp/earth/ondanka/supply_chain/gvc/index.html

[32] 環境省：「カーボンフットプリント」, (2010).
https://www.env.go.jp/policy/hozen/green/g-law/jirei_db/haifusiryo/
ha_r_H22kanto_tokyo_kogi1_61-80.pdf

[33] Fraunhofer ISE：「Energy-Chart」.
https://energy-charts.info/index.html?l=en&c=DE
Energy > Pie Charts on Electricity Generation, Public net electricity generation
in Germany in 2022 のデータより

[34] 在日欧州連合代表部 ホームページ.
https://www.eeas.europa.eu/delegations/japan_ja
https://eumag.jp/

[35] 在日欧州連合代表部：「欧州グリーンディールとは」, (2019).
https://www.eeas.europa.eu/_en?s=169
EEAS > Japan 欧州グリーンディール, 関連資料より

[36] 福本 勲：ビジネス・ブレークスルーチャンネル, 「製造業におけるDX~世界の最
新事例から学ぶ~」, 株式会社ビジネス・ブレークスルー.
https://bb.bbt757.com/programs/

[37] 小川 紘一：『オープン&クローズ戦略 日本企業再興の条件 増補改訂版』, 翔泳社,
(2015).

[38] 欧州委員会：「The European Green Deal」, (COM(2019) 640 final), (2019年12月).
https://eur-lex.europa.eu/legal-content/EN/TXT/HTML/
?uri=CELEX:52019DC0640

[39] EU理事会：「REGULATION (EU) 2023/1542 OF THE EUROPEAN PARLIAMENT
AND OF THE COUNCIL of 12 July 2023」, (2023年7月).
https://eur-lex.europa.eu/eli/reg/2023/1542/oj

[40] EU理事会：「Proposal for a Regulation of the European Parliament and of the
Council concerning batteries and waste batteries, repealing Directive 2006/66/
EC and amending Regulation (EU) No 2019/1020」, (2023年1月).
https://data.consilium.europa.eu/doc/document/ST-5469-2023-INIT/en/pdf

[41] 欧州議会：「Parliament backs plans for better access to, and use of, data」, (2023
年11月).
https://www.europarl.europa.eu/news/en/press-room/20231106IPR09025/
parliament-backs-plans-for-better-access-to-and-use-of-data

[42] デジタル庁：「世界で進むデータ駆動社会への戦略的取組」, (2022年9月).
https://www.digital.go.jp/assets/contents/node/basic_page/
field_ref_resources/b565c818-75f4-4990-9125-dd43af8362ba/6aa338b4/
20220906_meeting_data_strategy_outline_02.pdf

[43] 欧州委員会：「Proposal for a REGULATION OF THE EUROPEAN PARLIAMENT
AND OF THE COUNCIL on European data governance (Data Governance
Act)(COM(2020) 767)」, (2020年11月).

https://eur-lex.europa.eu/legal-content/EN/TXT/PDF/
?uri=COM:2020:767:FIN

[44] 欧州委員会：「Data Act: Commission welcomes political agreement on rules for a fair and innovative data economy」，(2023年6月).
https://ec.europa.eu/commission/presscorner/detail/en/ip_23_3491

[45] 欧州委員会：「European Data Governance Act」，(2023年9月).
https://digital-strategy.ec.europa.eu/en/policies/data-governance-act

[46] 欧州委員会：「A European Strategy for data」，(2023年6月).
https://digital-strategy.ec.europa.eu/en/policies/strategy-data

[47] 欧州委員会：「Digital Markets Act (DMA)」，(2023年9月).
https://digital-markets-act.ec.europa.eu/index_en

[48] 欧州委員会：「The Digital Markets Act: ensuring fair and open digital markets」，(2023年9月).
https://commission.europa.eu/index_en
Strategy and policy > Priorities > A Europe fit for the digital age, The Digital Markets Act: ensuring fair and open digital markets より

[49] 欧州委員会：「Shaping Europe's digital future」，(2023年9月).
https://digital-strategy.ec.europa.eu/en/policies/digital-services-act-package

[50] 欧州委員会：「The Digital Services Act: Ensuring a safe and accountable online environment」，(2023年9月).
https://commission.europa.eu/strategy-and-policy/priorities-2019-2024/europe-fit-digital-age/digital-services-act_en

[51] 欧州委員会：「Regulatory framework proposal on artificial intelligence」，(2023年11月).
https://digital-strategy.ec.europa.eu/en/policies/regulatory-framework-ai

[52] Platform Industrie 4.0：「2030 Vision for Industrie 4.0」，(2019年3月).
https://www.plattform-i40.de/IP/Redaktion/EN/News/Actual/2019/2019-04-01-vision2030-for-industrie40.html

[53] Platform Industrie 4.0：「Position Paper 2030 Vision for Industrie 4.0」，(2019年9月).
https://www.plattform-i40.de/IP/Redaktion/EN/Downloads/Publikation/Positionspapier%20Leitbild%20(EN).html

[54] Platform Industrie 4.0：「Sustainable production: actively shaping the ecological transformation with Industrie 4.0」，(2021年3月).
https://www.plattform-i40.de/IP/Redaktion/EN/Downloads/Publikation/sustainable-production.html

[55] 欧州委員会：「Industry 5.0 - Towards a sustainable, human-centric and resilient European industry」，(2021年1月).
https://op.europa.eu/en/publication-detail/-/publication/468a892a-5097-11eb-b59f-01aa75ed71a1/

[56] 経済産業省：「海外の炭素税・排出量取引事例と我が国への示唆」，(2021年4月).

https://www.meti.go.jp/shingikai/energy_environment/
carbon_neutral_jitsugen/pdf/004_01_00.pdf

[57] Plattform Industrie 4.0：「Umsetzungsstrategie Industrie 4.0: Ergebnisbericht der Plattform Industrie 4.0」,（2015年4月）.
https://www.plattform-i40.de/IP/Redaktion/DE/Downloads/Publikation/
umsetzungsstrategie-2015.html

[58] 日本貿易振興機構(ジェトロ)：「欧州委、排出量取引制度(ETS)改正案を発表、道路輸送や建物も対象に(EU)」,（2021年7月）.
https://www.jetro.go.jp/biznews/2021/07/d2d027f1653ad825.html

[59] 日本貿易振興機構(ジェトロ)：「欧州委、循環型経済を推進するためのエコデザイン規則案を発表(EU)」,（2022年4月）.
https://www.jetro.go.jp/biznews/2022/04/a08c5c6a05bd0c33.html

[60] 日本貿易振興機構(ジェトロ)：「電池のライフサイクル全体を規定するバッテリー規則施行(EU)」,（2023年8月）.
https://www.jetro.go.jp/biznews/2023/08/8c1881cdd8bc5842.html

[61] 日本貿易振興機構(ジェトロ)：「ドイツ連邦政府、新型コロナ禍でも研究開発費のGDP比率目標を堅持（ドイツ）」,（2021年6月）.
https://www.jetro.go.jp/biznews/2021/06/48278a8ec47a362c.html

[62] 経済産業省：「カーボンニュートラルの実現に向けたカーボン・クレジットの適切な活用のための環境整備に関する検討会(カーボン・クレジット・レポート)」,（2022年6月）.
https://www.meti.go.jp/shingikai/energy_environment/carbon_credit/
20220627_report.html

[63] 経済産業省：「AI・データの利用に関する 契約ガイドライン」,（2018年6月）.
https://www.meti.go.jp/policy/mono_info_service/connected_industries/
sharing_and_utilization/20180615001-2.pdf

[64] 個人情報保護委員会：「個人情報の保護に関する法律についてのガイドライン（第三者提供時の確認・記録義務編)」,（2016年11月（2022年9月一部改正））.
https://www.ppc.go.jp/personalinfo/legal/guidelines_thirdparty/

[65] 環境省：「EU域内排出量取引制度(EU-ETS)」.
https://www.env.go.jp/houdou/gazou/8479/9748/2703.pdf

[66] WWFジャパン：「欧州排出量取引制度(EU ETS)に関するＱ＆Ａ」,（2009年3月）.
https://www.wwf.or.jp/activities/lib/pdf/090306euets.pdf

[67] ダッソー・システムズ：「バーチャル・シンガポール」,（2015年10月）.
https://compassmag.3ds.com/ja/virtual-singapore/

[68] 年金積立金管理運用独立行政法人(GPIF)：「2020年度ESG活動報告」,（2021年8月）.
https://www.gpif.go.jp/investment/GPIF_ESGReport_FY2020_J.pdf

[69] 年金積立金管理運用独立行政法人(GPIF)：「2021年度ESG活動報告」,（2022年8月）.
https://www.gpif.go.jp/esg-stw/GPIF_ESGReport_FY2021_J_02.pdf

[70] 年金積立金管理運用独立行政法人 (GPIF)：「2022年度 ESG活動報告」，(2023年8月).
https://www.gpif.go.jp/esg-stw/GPIF_ESGReport_FY2022_J_02.pdf

[71] 環境省：「サプライチェーン排出量とは？」，(2023年3月).
https://www.env.go.jp/earth/ondanka/supply_chain/gvc/files/
SC_syousai_01_20230301.pdf

[72] Royaume de Belgique, Koninkrijk België, 他：「Building the next generation cloud for businesses and the public sector in the EU」，(2020年10月).
https://www.gov.pl/attachment/1e4517d5-1b62-4219-a62d-c0cb25bd2cc2

[73] Global Lighthouse Network：「Insights from the Forefront of the Fourth Industrial Revolution」，(2020年1月).
https://www3.weforum.org/docs/WEF_Global_Lighthouse_Network.pdf

[74] Global Lighthouse Network ホームページ.
https://initiatives.weforum.org/global-lighthouse-network/home

[75] ESTAINIUM Association ホームページ.
https://www.estainium.eco/

[76] 株式会社東芝：「VPP(バーチャルパワープラント)」.
https://www.global.toshiba/jp/products-solutions/renewable-energy/
products-technical-services/vpp.html

[77] 東芝デジタルソリューションズ株式会社：「製造業向けソリューション Meister シリーズ」.
https://www.global.toshiba/jp/products-solutions/manufacturing-ict/
meister.html

[78] 東芝デジタルソリューションズ株式会社：「インダストリー4.0のキー概念「アセット管理シェル」とは」，(2021年10月).
https://www.global.toshiba/jp/company/digitalsolution/articles/tsoul/38/
003-1.html
https://www.global.toshiba/jp/company/digitalsolution/articles/tsoul/38/
003-2.html

[79] 東芝エレベータ株式会社：「東芝エレベータークラウドサービス ELCLOUD」.
https://www.toshiba-elevator.co.jp/elv/eaas/

[80] 欧州委員会：「COMMUNICATION FROM THE COMMISSION TO THE EUROPEAN PARLIAMENT, THE COUNCIL, THE EUROPEAN ECONOMIC AND SOCIAL COMMITTEE AND THE COMMITTEE OF THE REGIONS EMPTY - 'Fit for 55': delivering the EU's 2030 Climate Target on the way to climate neutrality」，(2021年7月).
https://eur-lex.europa.eu/legal-content/EN/TXT/?uri=CELEX%3A52021DC0550

[81] 欧州委員会：「The European Green Deal Investment Plan and Just Transition Mechanism explained」，(2020年1月).
https://ec.europa.eu/commission/presscorner/detail/en/qanda_20_24

[82] 欧州委員会：「COMMUNICATION FROM THE COMMISSION TO THE

EUROPEAN PARLIAMENT AND THE COUNCIL - New Consumer Agenda」, (2020年11月).
https://eur-lex.europa.eu/homepage.html?locale=en
から「Document 52020DC0696」で検索可能

[83] 欧州委員会：「European Commission launches Green Consumption Pledge, first companies commit to concrete actions towards greater sustainability」, (2021年1月).
https://ec.europa.eu/commission/presscorner/detail/en/ip_21_182

[84] 欧州委員会：「EU Emissions Trading System (EU ETS)」.
https://climate.ec.europa.eu/eu-action/eu-emissions-trading-system-eu-ets_en

[85] 欧州委員会：「Carbon Border Adjustment Mechanism」.
https://taxation-customs.ec.europa.eu/carbon-border-adjustment-mechanism_en

[86] 欧州委員会：「Carbon Border Adjustment Mechanism (CBAM) starts to apply in its transitional phase」, (2023年9月).
https://ec.europa.eu/commission/presscorner/detail/en/ip_23_4685

[87] 欧州委員会：「Internal Market, Industry, Entrepreneurship and SMEs - Supporting clean hydrogen」.
https://single-market-economy.ec.europa.eu/industry/strategy/hydrogen_en

[88] 欧州委員会：「REPowerEU: A plan to rapidly reduce dependence on Russian fossil fuels and fast forward the green transition」, (2022年5月).
https://ec.europa.eu/commission/presscorner/detail/en/IP_22_3131

[89] EU理事会：「EU climate action: provisional agreement reached on Carbon Border Adjustment Mechanism (CBAM)」, (2022年12月).
https://www.consilium.europa.eu/en/press/press-releases/
から検索期間を「2022/12/13-2022/12/13」で検索可能

[90] EU：「European Climate Pact」.
https://climate-pact.europa.eu/index_en

[91] 世界経済フォーラム (WEF：World Economic Forum)：「The Future of Jobs 2016」, (2016年1月).
https://www.weforum.org/publications/the-future-of-jobs/

[92] 世界経済フォーラム (WEF：World Economic Forum)：「The Future of Jobs Report 2023」, (2023年4月).
https://jp.weforum.org/publications/the-future-of-jobs-report-2023/

[93] 世界経済フォーラム (WEF：World Economic Forum)：「世界経済フォーラム 年次総会2023」, (2023年1月).
https://jp.weforum.org/events/world-economic-forum-annual-meeting-2023/

[94] 世界経済フォーラム (WEF：World Economic Forum)：「世界経済フォーラム 年次総会2022」, (2022年5月).
https://jp.weforum.org/events/world-economic-forum-annual-meeting-2022/

[95] 世界経済フォーラム (WEF：World Economic Forum)：「Annual Report 2022-2023」, (2023年9月).

https://www3.weforum.org/docs/WEF_Annual_Report_2022-23.pdf

[96] 世界経済フォーラム (WEF：World Economic Forum)：「Annual Report 2021-2022」，(2022年9月).
https://www3.weforum.org/docs/WEF_Annual_Report_2021_22.pdf

[97] 世界経済フォーラム (WEF：World Economic Forum)：「Annual Report 2020-2021」，(2021年9月).
https://www3.weforum.org/docs/WEF_Annual_Report_2020_21.pdf

[98] 世界経済フォーラム (WEF：World Economic Forum)：「Annual Report 2019-2020」，(2020年11月).
https://www3.weforum.org/docs/WEF_Annual_Report_2019_2020.pdf

[99] 世界経済フォーラム (WEF：World Economic Forum)：「Annual Report 2018-2019」，(2019年9月).
https://www3.weforum.org/docs/WEF_Annual_Report_18-19.pdf

[100] 世界経済フォーラム (WEF：World Economic Forum)：「Annual Report 2017-2018」，(2018年9月).
https://www3.weforum.org/docs/WEF_Annual_Report_2017-2018.pdf

[101] 世界経済フォーラム (WEF：World Economic Forum)：「Annual Report 2016-2017」，(2017年9月).
https://www3.weforum.org/docs/WEF_Annual_Report_2016_17.pdf

索引

著者紹介

福本 勲 (ふくもと いさお)

アルファコンパス　代表
株式会社東芝　デジタルイノベーションテクノロジーセンター　チーフエバンジェリスト

株式会社コアコンセプト・テクノロジー　アドバイザー
シェアエックス株式会社　アドバイザー

中小企業診断士(東京都中小企業診断士協会 「デジタル経営研究会」 副会長)
PMP(Project Management Professional)

1990年、早稲田大学大学院修士課程(機械工学)修了。
同年に、東芝に入社し、製造業向けSCM、ERP、CRMなどのソリューション事業立ち上げ
やマーケティングに携わる。その後、インダストリアルIoT、デジタル事業の企画・マーケティング・エバンジェリスト活動などを担うとともに、オウンドメディア「DiGiTAL CONVENTiON」の編集長を務める。
2020年にアルファコンパスを設立し、企業のデジタル化やマーケティング、プロモーション支援などを行っている。
また、企業のデジタル化(DX)の支援と推進を行う株式会社コアコンセプト・テクノロジー、DX推進においてボトルネックとなっている人材の確保・育成に関する課題を解決するための、ボトムアップ型の人材育成(リスキリング)サービスやトップダウン型のCxO人材の提供サービスなどを手掛けるシェアエックス株式会社のアドバイザーも務めている。
主な著書に『デジタル・プラットフォーム解体新書』(共著、近代科学社)、『デジタルファースト・ソサエティ』(共著、日刊工業新聞社)がある。主なWebコラム連載に、ビジネス+IT/SeizoTrend(SBクリエイティブ株式会社)の「第4次産業革命のビジネス実務論」がある。その他Webコラムなどの執筆や講演など多数。
(本プロフィールは2023年12月時点のものです)

◎本書スタッフ
編集長：石井 沙知
編集：伊藤 雅英・赤木 恭平
図表製作協力：菊池 周二
表紙デザイン：tplot.inc 中沢 岳志
技術開発・システム支援：インプレス NextPublishing

●本書の内容についてのお問い合わせ先
近代科学社Digital　メール窓口
kdd-info@kindaikagaku.co.jp
件名に「『本書名』問い合わせ係」と明記してお送りください。
電話やFAX、郵便でのご質問にはお答えできません。返信までには、しばらくお時間をいただく場合があります。なお、本書の範囲を超えるご質問にはお答えしかねますので、あらかじめご了承ください。

製造業DX

EU/ドイツに学ぶ最新デジタル戦略

2023年12月22日　初版発行Ver.1.0

著　者　福本 勲
発行人　大塚 浩昭
発　行　近代科学社Digital
販　売　株式会社 近代科学社
　　　　〒101-0051
　　　　東京都千代田区神田神保町1丁目105番地
　　　　https://www.kindaikagaku.co.jp

印刷・製本　京葉流通倉庫株式会社
Printed in Japan

ISBN978-4-7649-0676-1

近代科学社 Digital は、株式会社近代科学社が推進する21世紀型の理工系出版レーベルです。デジタルパワーを積極活用することで、オンデマンド型のスピーディで持続可能な出版モデルを提案します。

近代科学社 Digital は株式会社インプレス R&D が開発したデジタルファースト出版プラットフォーム "NextPublishing" との協業で実現しています。